U0931697

麪麪

麥文記的故事

Mak Man Kee
Noodle Shop since 1958

麥心睿——口述
林君宜、李林風——著

謹將此書獻給我生命中最重要的三個人

麥孔笑荷

鄭笑聯

吳秀英

——麥心睿

麥文記麵家
51號
歡迎光臨
營業時間
中午十二時
至
深夜十二時三十分
MICHELIN 2024

推薦序

王克勤榮譽院士

Sunny Wong

嘉士伯大中華區前總裁及主席
香港浸會大學榮譽院士
香港理工大學實務教授

1966年，我升讀廣東道麗澤中學附小六年級，父母決定由紅磡遷至柯士甸道偉安大廈，租住房東余太太的一個房間，我和弟弟，步行十五分鐘，便可返校，而父親也毋須舟車勞頓，短時間便可到彌敦道和佐敦道交界的絲綢店上班。

房東余太太的一位旅居美國的好朋友，每年來港，都居住在房東太太的家。房東的丈夫早年是台灣一家叫「民航公司」的貨機無線電生，我家搬入前四五年，他在一次往曼谷的飛行遇墮機而離世，那位旅美好友便認了房東五女余愛菱為乾女兒，並承擔了她的學費。

老先生每次自美抵港，翌日總有一例行節目，也是我永不錯過的高級享受，就是步行至白加士街的麥文記麵家，享受美味的雲吞麵！我說高級享受，並非誇張，當年家境窮困，父母根本不帶我兩兄弟到外用餐，因此，盼望一年的「任食無所謂」的麥文記之旅，對我兩兄弟而言，是無比的享受！也是這種久旱逢甘露的感受，把「到麥文記享用雲吞麪」，牢牢地烙印在我內心。當然，那位我隨余愛菱叫的「契爺」，在步行往來麥文記及在食麪期間，不停講述中國近代史，也令整個麥文記之旅，染上可遇不可求的特殊色彩！在我後來的人生，「到麥文記享用雲吞麪」亦奇妙地成為在工作上有任何成就的自我獎勵，過節的例行活動和有朋自遠方來的招待場所！

我結婚兩三年後，與早已是忠心客户的太太到麥文記食雲吞麪，她中途借用設於店內煮麪間旁邊的電話，由於天生貧血，在講電話期間，她突然暈倒，服務員們一面扶著她，一面準備叫白車，而我正在店內非常獨特的柱後一細小L形卡位上，細嘗那碗精美雲吞麪，一位服務員跑來，大聲叫道「喂！你仲食？你老婆暈低咗呀！」其實條柱完全遮住我視線，但無可否認，麥文記上乘的出品，令我專注於碗麪！

數十年來，在似乎每次所見都是高朋滿座的麥文記用餐，總是人潮如

湧，一面等食品，一面望著寫單與傳菜相互配合而毫不混亂的服務員配搭，是一種額外的享受！上述種種我自幼已習慣的食品質素與服務特色，加上只供不多品種的小玻璃瓶裝汽水，埋單不收信用卡和八達通，牆上頗具懷舊色彩的菜單，服務員制服袋口因不斷插原子筆而造成的藍色原心跡，都構成麥文記獨一無二的品牌內涵，更成了催促我多去欣賞的原動力！

推薦序

蔡和平

香港電視之父
飲食集團創始人
藝術家
古董收藏家

《麪麪俱緣——麥文記的故事》記載了香港最受歡迎的雲吞麪的傳承之路。

麥文記麵家由 Lesley 的父母於 1940 年代創立，並延續至今，成為香港本地居民和遊客心中世代相傳、溫暖人心的美食象徵。我亦很高興這本書能夠釐清一些不實與無根據的傳言；麥文記是所有麥氏雲吞麪店中最早且歷史最悠久的一家，其他麥氏雲吞麪店與其無關。

身為一名新加坡人，我常常聽聞香港的美食傳奇，而其中最令我感動的，莫過於麥文記麵家的故事。我的妻子 Peggy 自小便對麥文記的雲吞麪有著深刻的回憶——她童年時常與一位學校同學一同光顧麥文記，品味那碗碗令人回味的麪條，而這段經歷也讓她們至今仍保持著深厚的友誼。這不僅體現了麥文記在她生命中的深遠影響，也展現了它在無數香港人生活中的重要地位。每一碗麪，都飽含著深厚的歷史與家族傳統。

作為第二代傳承者，Lesley 完美詮釋了這家受人尊敬的老店的精髓與風味。在她的領導下，除了保留原有風味，不斷適應新一代人的口味需求，展現了對烹飪卓越的執著與追求之餘，Lesley 亦延續了其父母「取於社會，用於社會」的願景。

在這本書中，您不僅會了解一碗完美雲吞麪的製作過程，更能讀到那些將一生奉獻給這門手藝的人的動人故事。麥文記的靈魂，與 Lesley 的心血，無不體現在書中的每一頁。

這本書就像一個邀請，邀請你一同感受麥文記多年來帶給無數人的溫暖與喜悅，不論我們身處何地，這份情感始終如一。當你翻閱這段非凡的故事時，我希望你能品味的不僅僅是食譜，更是每道料理背後豐富的歷史，以及這家麪店傳承已久的精神；願這本書能讓你對烹飪藝術有更深的體會，並感受那份透過一碗麥文記雲吞麪，將我們緊緊相連的美好故事。

As you read this remarkable tale, I encourage you to savor not just the recipes but the rich history that accompanies each dish and the spirit of the company. This book is an invitation to experience the warmth and joy that Mak Man Kee has brought to so many, including those of us far from its home.

May this work inspire a deeper appreciation for the culinary arts and the stories that unite us all, one Mak Man Kee's bowl of wonton noodles at a time.

FOREWORD

Robert Chua

Father of Hong Kong Television
Founder of Dining Groups
Artist
Antique Collector

It is with great pleasure that I pen this foreword of *The Tale of Wonton Noodles: The Mak Man Kee Family Story*. This book is about Hong Kong's most popular Wanton Noodle that first started by Lesley's parents in 1940's to celebrate the legacy that has delighted taste buds and warmed hearts for generations in Hong Kong and tourists. I am happy this book will put to rest to many untrue unwarranted claims of association with her company. Mak Man Kee is the first and oldest of all the Mak's Wanton Noodle shops in Hong Kong that is not them.

As a Singaporean, I have often heard tales of the culinary treasures of Hong Kong, and none have resonated with me quite like the story of Mak Man Kee Noodle Shop. My wife, Peggy, has fond memories of savoring the wonderful wonton noodles in her childhood — a testament to the shop's enduring influence in her life and in the lives of countless others in Hong Kong. She with one of her schoolmates went so often to Mak Man Kee during her childhood to enjoy the noodles that they became best friends to this day! It is a place where flavors in each bowl is steeped in history and family tradition.

Lesley Mak, the second-generation owner, embodies the spirit of this beloved establishment. Through her leadership, Mak Man Kee continues to honor the vision of her parents adapting to the evolving tastes of a new generation while keeping it's original taste and the relentless pursuit of culinary excellence.

In these pages, you will discover not only the art of perfecting wonton noodles but also the stories of the people who have dedicated their lives to this craft. The heart and soul of Mak Man Kee with Lesley are found in this book.

麥文記麵家
歡迎光臨
營業時間

推薦序

張世橋
Sidney

四十多年忠實顧客

對我而言，比較深刻的記憶，應該是來自小學一二年級以後發生的事情。現在還記得兒時去過的食肆，但大部分已經不復存在了。唯一只有麥文記我一直光顧至今，過去四十多年從未中斷。但我們一家與這家店鋪的記憶，比我的出生還要早。

我的父母在六十年代時已經開始光顧這家老字號。聽父母說，他們第一次到這店時還未結婚。後來，我的兩個姐姐和我相繼出生，我們一家人都變成常客。我在大學畢業後就很少在香港長住，但每次回港我都盡量探望住在佐敦的父母，他們會問我，到哪裡吃飯？我的第一選擇基本上都是麥文記。我現在居住的上海雖然有麵店，但甚少廣東麵館，就算有，也和麥文記的水準相差甚遠。因為現在一年回港才兩三次，所以每次都希望能回到麥文記，品嘗那熟悉而可口的雲吞麵和韮菜花，而且也可重拾兒時的記憶。麥文記的位置沒變，店鋪的間隔基本上和幾十年前一樣。那裡掛在牆上的菜單，和我小時候看到的格式和菜品都是一樣的。而我每次都會驚嘆，為何吃了幾十年的雲吞都從未吃到蝦殼，每次吃的韮菜花，不管哪個季節都是那麼鮮嫩爽口。

去年的夏天，我帶了和我一起居住在上海的太太和女兒到了這家我從小就光顧的麪店。我和太太還沒結婚時，我就已經帶她去過，但女兒倒是第一次到這裏。開始時，我不確定她會喜歡吃甚麼，後來點了我愛吃的韮菜花，她嘗了一口後就停不下來，結果一個小女孩就吃了兩整碟！

雖然常去這家老店，但我一直只是以一個顧客的身份前往，從來沒有建立更深入的聯繫。直到今年年中，我確定要畫一幅畫送給父母後這就有所改變。我從疫情開始養成了一個蠻有意思的愛好，並持續至今。當時常處於封鎖之中，為了讓乏味的生活增添點樂趣，我就想著模仿之前看過的一本叫《東京老店》的畫冊，畫一些在上海熟悉的店舖，後來我更把這些畫作親筆簽名的高清重印作品送給店主，店主們收到後都非常喜歡這樣的禮物。就這樣，幾年間利用碎片時間，我畫了二十多個店舖。但想到畫作只送過給各個店主，卻從未給年邁的父母，我就想到把對我們一家都特別有意義的麥文記畫下來，並加上我們一家在門外排隊的情境來點綴，最後送給他們。

本來只是想把這幅畫送給父母，但後來再想，何不嘗試找一下麥文記的老闆，然後也把一幅作品送給她作為留念？我就這樣透過臉書找到麥文記的官方頁，很順利地就聯繫到麥文記的公關公司，也因此認識了麥文記現在的老闆麥心睿小姐，並約了一個月後見面。

從小到大，我估計在麥文記用餐可能有上百次了，但卻從不認識店的老闆。見面當天作為老顧客，我的心情居然有點緊張。見到麥小姐後卻有一種莫名的親切感，我們聊起我愛吃的雲吞麪和韮菜花，也提到我對麥文記出品質量的贊嘆，麥小姐則介紹了很多作為食客不會想到的質量把關流程。隨後，我也把我準備的畫作送給她，看到她喜悅的笑容，我也請她把我準備給爸媽的另外一幅重印作品上題字。很巧合的是，我和麥小姐見面的第二天正是我父母結婚六十周年的日子。而麥文記這僅此一家的老字號，也已經陪伴我父母超過六十年的時光。以麥小姐題字的店舖作品作為父母鑽婚的禮物可謂別具意義，再合適不過了。接下來，我在準備贈送麥小姐的作品上簽名。這樣簡單而隆重的交換儀式，就在熟悉的店舖裏進行，隨後我們也在店外合照。從此，我和麥文記這家傳奇食肆，就多了一段珍貴的聯繫。這段聯繫讓我有更多的機會了解到麥文記的歷史。

這家傳奇麪店，除了陪伴了無數像我這樣的長期顧客外，更見證了香港近代的變遷。疫情後，香港不少的老字號都不敵時代的變遷和經濟挑戰而相繼結業。作為一個土生土長的香港人，看到不少從小就耳熟能詳的名字一一退居歷史舞台，心裏百感交集。長期經營好一家老字號確是何等艱難，我也因為這次能和麥文記建立這樣的連結而感到榮幸。在此也感謝麥文記給大眾一直提供優質的出品，並譜寫了勤奮拼搏的香港精神。

自序

麥心睿
Lesley

我是麥心睿，原名麥淑如，是麥文記的唯一傳承人，亦是麥文記麵家的老闆。

一碗雲吞麵不僅僅是一道日常美食，更是一段歷史的縮影、一座城市的象徵。雲吞麵的發展，與香港這片土地的變遷息息相關。它見證了舊時代的艱辛，承載了上一代人來港打拼的血汗，也隨著香港的成長而演變成今天獨特的文化標誌。

多年來，麥文記一直是個連結不同人群的地方。無論是從艱難時期移居而來的異鄉人，還是本地的街坊、苦力、藝人，甚至是名伶、「妹仔」，大家都曾在這裡找到一碗屬於自己的雲吞麵。

這些故事不僅屬於麥文記，也屬於整個香港。我們希望透過這本書，與大家分享這些故事，讓每一位讀者更了解這座城市的過去，也更珍惜她的現在。

此外，作為麥文記的一員，我也希望藉著這本書，澄清坊間一些以訛傳訛的說法。經營超過七十年的老店，難免會被附加上一些誤傳的故事，但我們希望還原真相，讓大家看到麥文記最真實的一面，了解我們如何一步步走到今天。

這本書不僅是雲吞麪的故事、麥文記的故事，更是香港的故事。希望我們的故事能帶領你穿越時光，感受上一代人如何用努力和心血在這片土地上扎根。也希望這本書能讓我們了解這座城市的文化精髓從何而來，並思考應該如何延續下去。

細心的讀者應該會留意到書中同時出現「麵」和「麪」字。原因是麥文記麵家招牌使用區建公書法字體，故沿用「麵」字；全書其他與「麪」相關內容則用「麪」字。

感謝每一位讀者拿起這本書，希望你們在字裡行間，能感受到我們的用心與香港的溫度。

目錄

第二章

食物篇

01 第一章

人物篇

麥孔笑荷、麥民敬
胡國樑
周子虞
胡寶、麥蔭、劉海、孔憲教
鄭笑聯（媽姐）
麥心睿

1.1 夫業妻承——麥文記的靈魂人物

⊕ 麥孔笑荷、麥民敬

自1927年開展，持續至五十年代的國共內戰，讓孔笑荷和麥民敬在國民黨軍隊裡遇上，並共諧連理。他們的故事由廣州南來到香港，到後來改名為佐敦的官涌，夫婦一手一腳創辦了麥文記麵家。

笑荷和民敬的相逢，為何會在軍隊中開始？這要從兩人的身世說起。

民敬父親名為麥財洪，共有四名子女。長子胡寶，是民敬母親當年改嫁麥財洪時帶著的兒子，故此不姓麥。民敬是麥財洪第一位親生兒子，但名義上排行第二，之後民敬母親再誕下三妹和四弟。儘管都是己出的骨肉，民敬母親偏偏獨愛三妹和四弟，對二兒子關係比較疏遠。民敬視己為大哥，視母親對這兩位手足的縱容溺愛，每每看不過眼。1930 年代，在民敬大約十六、七歲的某天，他出言指責三妹時，母親一怒之下竟一腳把民敬踢下樓梯並喝罵他。這一導火線讓年少氣盛的民敬決定離開家園，匆匆收拾細軟，隨便撿了幾套衣服，就到廣州投考黃埔軍校。

民敬也確實一考就考進了軍校，接受從軍打仗的訓練，提槍衝鋒陷陣。由當士兵開始，民敬憑著功績一直扶搖直上升至排長，軍銜為「少尉」。當民敬在前線作戰時，一位叫孔笑荷的年輕女子也加入了軍隊的後勤。

「說來有趣，他們的緣份也是和吃有關。」

笑荷是廣東順德人，為家中的獨生女。在國共內戰戰火紛飛的年代，由於居住的鄉下太窮，學歷只有小學程度的笑荷，不得不出外謀生討生活。到了黃埔軍校那裡找了一份炊事的工作，緣份讓她負責民敬服務的那一支軍隊的伙食。

⊕ 年輕時的麥民敬、麥孔笑荷

民敬總是穿著筆挺整齊的軍服，踩著一對擦得發亮的黑皮鞋，不可有失排長的威嚴，而笑荷則是勤勉少言，帶著掙錢照顧父母的心默默工作。兩個同是樸實守紀的人很快便留意到對方，開始交往，後來在軍隊裡成婚。

結婚後的日子並不甜蜜，戰事依然持續，人心惶惶。1930年代末期，民敬和笑荷商量後決定，民敬繼續留在軍隊，笑荷則率先帶著民敬父母、三妹和四弟到香港長洲落腳。

甫到港不久，笑荷便收到一個始料不及的壞消息——雙親因戰火紛飛，糧食不足，不幸在故鄉因飢餓而去世。想起自己父母遭遇的苦難，笑荷心如萬張刀絞，那份喪親之痛難以言喻，然而如今她已是民敬的妻子，在香港她便是當家，要肩負起照顧一家老小的責任，唯有咬緊牙關把眼淚往回吞下去。

「所以後來媽媽常常都說，選擇做飲食這一行，是有原因的……」

當時民敬仍在國內打仗，每月準時把軍餉滙過來供養家人。笑荷記得當年第一間在長洲寄住的房屋鬧鬼，後來到了廟街租一個狹窄的床位居住，同樣有鬼。在那個窮比鬼可怕的年代，人們寧願與鬼同住，也不想流落街頭。

一個「捱」字總結了笑荷那時的歲月。她咬緊牙關捱下去，捱到民敬辭去軍職到香港和她重聚，再一起捱出街邊麪檔，再捱到有麥文記，一直一直的捱。

「當時的香港人，只要捱得下去，說不定就有轉機。」

四十年代的香港經歷戰火洗禮，民不聊生。1940年代前半期香港被日軍侵佔，三年零八個月的日佔時期，缺米缺糧是平常事；後半期因第二次國共內戰，大批內地民眾南遷香港，民敬也是其中一分子。約1945年，民敬來到香港會合笑荷後，一家人落戶官涌廟街，兩口子的口袋僅餘十六元，他們決定以此十六元開始做「食」的小生意。雖然世道艱難，肯吃苦的話，還是有謀生的空間。

⊕ 入舖落戶白加士街。左：麥民敬、右：麥孔笑荷。

「來到香港，我不再提槍了。棄武從文，做讓人吃得飽，吃得滿足的麵。」民敬期許。

當時不少南來到港的廣東人都會做麵檔：「好像每一位花縣人都很會煮麵打麵似的。」

除了因為花縣人比較擅長煮麵外，更希望做食的生意可幫到飢餓困苦的人，這一點笑荷感觸尤深。別的行業做不到，但做食的生意，至少有人前來討吃時，也能奉上一碗麵充飢，這是笑荷真誠的想法。目睹過戰

爭苦難、經歷過親人離散，笑荷對當時生活的困頓感同身受，同時她也希望藉著行善減免丈夫參戰時曾經殺戮的業力，心中善念由此而生。

「那個年代的人內心純粹而光亮，他們追求的不僅是金錢，更希望為身邊的人積累真正的富足與幸福。」

民敬和笑荷憑著這十六元起家，買入鮮蝦、鴨蛋、麪粉；再請來一名小伙子，提起三枝檐挑，六個木桶，幾張木桌和轎櫈，就這樣在廟街的冷巷擺檔，獨沽一味，只

⊕ 麥文記入舖後的早期同事

賣雲吞麪。從下午三、四點開檔至凌晨兩點半，笑荷負責剝蝦殼、包雲吞、醃餡料；民敬負責打麪、切麪、煮麪；那小伙子負責招待客人、清洗等工作。日子算不上安逸，但總算穩打穩紮，過得實在。

廟街冷巷飄來一陣陣煮著熱騰騰雲吞麪的香味，附近街坊見這賣雲吞麪的老闆身形稍見發福，索性喚作「肥佬雲吞麪」，易記易叫，當時座上客還有不少粵劇名伶，諸如鄧碧雲、新馬師曾也有光顧。

「當時的鄰居不時會在街頭大喊：肥佬！肥佬！」

在街邊擺檔，少不免遇上「走鬼」，每逢警員巡邏驅趕之前，總會收到下線警員的「温馨提示」：警員巡邏之際，麪檔要關上燈。幸而「肥佬雲吞麪」只在冷巷擺檔，巡邏的一行警察則「隻眼開隻眼閉」。烏燈黑火之下，食客依然故我，即使在摸黑下仍繼續進食，也從不投訴。因為那時大家都知道，一仙一碗雲吞麪要養活檔口，不容易。慢慢「肥佬雲吞麪」建立口碑，從剛開檔沒多久雲吞麪只賣一仙，到後來加價三仙。後來，民敬的親戚，其堂弟麥蔭、表侄胡國樑等先後南來香港，並在麪檔幫忙，生意越來越好。

憑藉一碗碗雲吞麪，聚沙成塔。從一仙一仙儲得的五萬八千元，1958年，民敬和笑荷在官涌買下了白加士街五十一號地舖，麪檔正式入舖，一家人也搬到對面居住，也在這迎來女兒麥心睿的誕生。民敬也在新店掛上剛在港面世的原子粒收音機，食客光顧時呷一口麪，還可收聽播音娛樂。第一代霓虹燈招牌亮起，麪檔易名為「麥文記麵家」，取麥民敬名字的諧音，更不忘加上「肥佬」二字在招牌上，這個醒目亮眼，藍邊紅字的招牌從此成為了官涌地標，一道重要的風景。

「二哥、二嫂，早晨！開工啦。」正式入舖後，麥文記增添了不少員工，但他們都很少喊民敬和笑荷作老闆、老闆娘，原因是大部分員工其實都是親戚。

麥文記逐漸在官涌站穩陣腳後，許多廣州親戚也陸續前來香港，麥文記頓成為當時一眾親戚的落腳地。儘管麪店當時未有必要聘請夥計，但笑荷深明人在異鄉的無助，故此凡來者，皆不拒。當時大部分來港人士最愁煩的是沒錢住宿，部分食店會以「包食宿」的形式為夥計提供食宿，麥文記亦身在其列。夥計為生活而奔波，為安頓夥計，入夜收舖後的麥文記則成了夥計們的居所。

⊕ 麥文記早期入舖，麥孔笑荷打理店舖

笑荷常言：「我求佢呲力，佢呲求我食。」這句話彷彿就讓大家互不相欠。話雖如此，到頭來不就是想讓前來的親戚生活好過一點。

麥文記員工雖多為親人，民敬和笑荷也公私分明，自立一套管理之道，其中一大店規就是「老闆不會跟員工賭博」。當時香港娛樂事業蓬勃、地下賭檔興旺，不少人都夢想可以小博大。然而，民敬夫妻二人常言道：「老闆和夥計賭錢，我贏夥計錢，夥計又不開心。夥計贏老闆錢，又不好意思，更甚會沒有心機工作，經常打算下次再贏老闆錢。」所以，無論關係和感情有多好，和老闆賭錢是麥文記員工不可超越的底線。

六十年代香港踏入拼搏時期，雖經歷頗多天然災害，例如 1962 年颱風温黛襲港，但民敬和笑荷所選的官涌這片福地，幸運地沒受波及。

每天清晨，笑荷還是勤勤懇懇地肩負著買蝦、剝蝦的職責。笑荷會在官涌街邊去買當天新鮮來貨的海蝦，當年的食材數量雖沒有今天的多，但全都由笑荷一個人親自逐隻蝦精挑細選，坐在麪店後巷的矮櫈上一一仔細去殼，以求顧客吃到材料最上乘的雲吞。熟能生巧，笑荷練出讓她自豪的獨創快速剝蝦殼絕活，手掰一下便立即殼肉分離，她標榜自己為剝蝦高手，後來只要麥氏一家餐桌上有白灼蝦這道菜，笑荷總忍不住說女兒心睿不懂剝蝦。想當年備貨的一早，幾百斤游水鮮蝦，只需兩三小時，便會在笑荷手上變成誘人的食材，又快又俐落的一人人手剝蝦，當年沒人能及，今天更是沒有人能夠達到。

那個年代很多事情都講究，包括衣服。從前的女人追求的好身材有句話叫「黃蜂腰、甲甴肚」，要有纖細的腰肢，腹部則要有些微隆起的曲線，方為窕窈淑女，穿傳統的長衫，特別能凸顯女性體態之美。笑荷平日也作長衫旗袍打扮，那時的女性還時興夾一條小手巾在腋下的袖邊。一襲長衫的笑荷站在收銀處，一派精明能幹的形象。但更多時候，笑荷這位老闆娘更要落手落腳在廚房樓面打點，工作時的笑荷則是例牌一件女裝恤衫西褲，一對拖鞋，圍著圍裙，走出走入，好不忙碌。

⊕ 上圖：右二：麥民敬
下圖：右一：麥民敬、右二：麥孔笑荷

說起衣著，從前民敬在廣州最愛就是穿唐裝衫或中山裝，入舖後他便成為一個不折不扣的西裝愛好者。每天一早到舖頭，頭髮必然是用髮蠟全部向後梳得貼服，一對皮鞋還像軍人般擦亮，訂造的每套西裝必然是設計成整套的西裝外套、馬甲、西裝褲三件頭，領呔當然不能少。老食客們看著這昔日在街邊檔穿著白上衣、黑短褲的肥佬變成今天四四正正的西裝人，不禁愛笑肥佬貪靚。

以前的人很含蓄，談戀愛到結婚多年，民敬笑荷也很少像現代人般在人前展露恩愛一面。只有在高興的特別場合，例如參加喜宴時，民敬才會搭著笑荷的肩合照。

努力打拼之餘，兩夫婦也會有一起消遣的快活時候。民敬喜歡西裝，自然也很喜歡西方的事物，愛和笑荷吃西餐，看西方電影。當時上館子吃飯是一件很奢侈高級的事，民敬必然之選，是和笑荷到太平館餐廳，吃笑荷最愛的沙丹豬扒飯，在白飯放上一片煎得油香的豬扒、一片煙肉，加上一片太陽蛋，再淋上以洋葱、番茄、紅蘿蔔攪碎炒成的橙紅色醬汁，配以雜菜豆，這種港式西餐吃起上來好不滋味。除此之外，吸煙、喝酒、打麻雀也是少不免的調劑，民敬和笑荷也會，民敬酒量好，更是杯杯來，杯杯清。

當時到舞廳是香港男人們的娛樂日常。距離麥文記不遠，位處佐敦道的鴻運大廈當時正是享譽東南亞的「東方舞廳」。

「男人，有錢就玩女人了。」笑荷後期曾有這樣抱怨過。不過在那個思想保守的年代，女人很少會因為丈夫玩女人而投訴或要求離婚，這可能是現代婚姻中難以想像的相處，但當年的確如此。民敬有時會和幾個男性友人先到舞廳消遣，之後再每人付錢帶著一位舞小姐回到家中陪玩繼續雀局。家中的女人們也見怪不怪，笑荷繼續忙著麥文記的舖面，民敬三妹還會在麻雀枱上幫忙斟茶遞水煮點心。男人們可以去風花雪月，女人們則隻眼開、隻眼閉，那時的夫婦關係可以是這樣的。

民敬和笑荷，有著不同的眼光，這點從他們投資的選擇和態度可以看出。笑

⊕ 左：麥孔笑荷、右：麥民敬

荷鍾情買股票和買磚頭，笑荷看得到一些細微的東西，例如她看報紙注意到哪裡新建了有潛力的樓房，便會開始思量儲錢投資置業；民敬看不到這些細微的東西，但他的遠見在他知道在香港，地皮比地皮上的樓更值錢。

早在五、六十年代，民敬已開始和數個拍檔合作買賣地皮，許多交易都是半山區地段。笑荷每次提起丈夫炒地皮這副業，總是擺擺手說：「我不敢玩這種的。」的確，買賣地皮金額之大，風險之高，也是要相當的膽識。

一件趣事是，在當年民敬的買賣地契上，下款不是他的真名，而是叫「麥覺」。聽笑荷說，當年的人行走江湖，很少會輕易透露自己的全名，生意人也十分流行做不同的行業就用不同的名字去交易，當某人喚起你某個姓名時，你就知道來者是哪個行頭的，「麥覺」便是民敬專門用作地皮事業的名稱。

民敬喜歡單字姓名，愛其簡單，他總覺得三個字的名字十分累贅。麥文記曾經請過一個小夥計，小子也是姓麥，見是同姓，又聽教聽話，民敬特別照顧他。小子全名叫做「麥光榮」，民敬嫌道：「這麼麻煩，每次在舖頭喚要叫『光榮、光榮』，我叫你『光仔』吧，以後你就叫『麥光』啦，不要榮字了。」

以前的人就是這樣，對於自己的本名、全名，都沒有太大的執著。在 1949 年前，香港並沒有任何人口登記。隨著人口不斷增加和大量內地居民移居香港，政府才在 1949 年以簽發身份證的方式，開始登記人口。人口登記最初的對象是公務員，遍及全部人口的登記已要到 1950 年尾。那時的人有許多不同的中英文名字，可能是中文名寫法筆劃有一點點的差異，又或者是英文字有不同的串法。笑荷也曾經要到 1961 年才成立的人民入境事務署去宣誓，確認多個名字，寫法串法皆不同，但通通都是我本人。這真是一個奇妙的年代。

笑荷涉足股票市場大約是七十年代的事。六十年代末至七十年代初，那時叫做「四會年代」，四會分別是香港證券交易所、遠東交易所、金銀證券交易所和九龍證券交易所。小小的香港，竟有著四家交易所。為了方便行政和監管，1980年代四會才合併，註冊成立香港聯合交易所有限公司，簡稱聯交所。

那時先是民敬的朋友開始投資股票，也帶著笑荷入場買股。笑荷雖然心知這班男人也會一起玩女人，但笑荷和他們的關係仍然不俗，也和他們的太太一起玩股票。不同於大部分靠丈夫打本的太太，笑荷買股票全是用自己的錢。買股票是當時的全民熱潮，笑荷起初也是帶著一種賭博的心態參與，但笑荷慢慢投入下去，培養出研究的熱情，也開始以長遠的目光去檢視。笑荷自己去學習，到底什麼是股票？怎樣買股票？應該買什麼股票？那時笑荷時常在中環半山的股票行消磨大半天，坐在梳化，看著交易人員在黑板上把這些代表著錢的數字組合寫了又擦，升升落落。

不得不提1973年的香港股災，那一年許多人在股市輸光身家，甚至要跳樓。七十年代有個股票術語叫「買空賣空」，即手頭上沒有該股票的非法買賣行為，另一種就叫「免漿熨」，就是現在的「督手指」，手中根本沒有資本，利用在港股交收機制「T+2 ❶」找數的日期內把資本賣掉。最終「買空賣空」可能只是一場空還要欠下巨債。笑荷不是當年股災的一員，這要歸功於她謹慎的個性，她從不會炒孖展❷，亦不會買空賣空。1973 年後，笑荷更鍾情投資物業多於股票，她喜歡購入一個個實實在在的房子，即使哪天價格大變，房子還在她手中。

好景不常，自麥文記正式入舖以來，兩口子可以稍稍安心的小日子僅僅度過了十多年，民敬患上了肝病。那時根本沒有做身體檢查的概念，發現時情況已頗為嚴峻，病魔轉瞬間將民敬從笑荷身邊帶走，噩耗來得措手不及。民敬出殯時，民敬的棺木從九龍殯儀館出發，到彌敦道，再到白加士街，沿途路祭，這個排場，足見官涌街坊對民敬的一份尊敬。

「捱下去。」麥文記在民敬去世後，笑荷一介女流之輩成為新當家。不幸中的大幸是，麥文記除了笑荷，還有民敬表姪胡國樑及胡太太協助打理，後來更有民

❶ 港股交收機制是 T+2，即今天（T0）成交的股票，證券公司和結算所清算後會在第二個交易日（T+2）完成資金和股票交收。

❷ 炒孖展是指投資者在證券公司開設孖展戶口，將自有資金作為保證金，向券商借入額外資金進行股票投資，從而放大投資規模和潛在回報；但如果投資出現虧損，投資者不僅需要承擔本金損失，還需償還借貸金額及支付利息，風險大幅增加。

敬軍中好友周子虞先生加入幫忙打理會計及文書工作。民敬多年結下的善緣繼續陪伴著妻子，捱下去。

同時，女兒心睿也漸漸一天天地成長。笑荷一早便聘請了順德媽姐鄭笑聯，家人稱呼為聯姐，照顧女兒的起居飲食，才能全心全意地投入麥文記的事業。可能從少年便在苦日子中打拼，笑荷過去的經驗中真的容不下童真和幼稚，對待小小的心睿，也要求她有成人的成熟和紀律。

嚴肅，是心睿童年時對母親最深刻的印象。嚴肅就是笑荷從不會跟自己說笑，也不會跟自己聊天或玩耍，更不會讓她撒嬌，即使心睿只得三歲時，笑荷便不當她是小朋友。

心睿依稀記得在大約三歲時，她有次在廚房裝作嬰兒般爬在地上玩樂，笑荷瞥見立即起手「啪、啪」打了心睿數下，「你已經學會走路了，怎麼還厚著臉皮扮嬰兒吧？」那時體罰是很普遍和可以接受的年代，母親、媽姐都會經常以打來管教，心睿也習慣了。笑荷當然不是把女兒往死裡打，通常就是拿著藤條，有時嚴重些拿個衣架，打一兩下讓皮肉痛的，再打在空氣威嚇威嚇孩子。心睿當時年紀之小，每次怔怔捱打，只知這刻不討母親歡喜了，她尚未能理解，笑荷希望她快點懂事的苦心。

⊕ 麥孔笑荷以及年少時候的麥心睿

笑荷急性子，她做什麼都很急，大部分時間都聽不著別人在講什麼，也沒耐性聽人慢慢講解。

笑荷十分緊張生意，那時未有閉路電視，她總是一天幾次打電話給負責收銀的阿琼問：「現在坐了多少枱客人？」「三枱。」「這麼少？」也不說拜拜，笑荷問完自己想知道的答案下一秒便會立即收線。大家都知道笑荷不是無禮，是性急。

有一次，心睿唸幼稚園時，老師布置了一個考試內容是要小朋友回家問家長，請家長教他們講一個小故事，再由小朋友回學校講。心睿蹦蹦跳跳回家，天真地大喊道：「媽媽你要講故事我聽啊，今次考試要講故事啊。」「什麼故事，我哪會懂得講什麼故事？」笑荷以她一貫嚴肅的語氣回應心睿，又趕趕忙忙的離家工作去。第二天上學考試，所有小朋友都講了家長教的故事，心睿有點難堪，但也十分誠實地說她沒有故事可以講，老師唯有在成績表上，在講故事一欄中，寫了個零分。

捧著一個鴨蛋回家，笑荷才明白過來，原來女兒叫她講故事是要去考試，那時她只聽了「講故事」這三個字便沒有聽下一句「考試」這關鍵詞。笑荷這次沒有責備心睿，她說：「媽媽真的不懂得講故事，但你可以打給你表姐惠萍姐姐。惠萍姐姐大你十多歲，她可以教你講故事。」結果到了下學期，其中一個考試果然又是要講故事，心睿便打電話給惠萍姐姐求救，惠萍教了表妹講一個有關小鴨子的故事。到了考試那天，心睿的心情和上學期截然不同，她自信滿滿地第一個舉

⊕ 麥孔笑荷及年少時的麥心睿

手講故事。心睿記得很清楚，這次她得到了一百分。

到了中學的青少年時期，心睿認識了自己的朋友，學會到街上玩，也開始會反叛。笑荷經常很生氣，心睿自己也很生氣。孩童時和母親不多的交流，到青春時的互相吵架，心睿知道笑荷是疼愛她的，但不懂聆聽，不懂表達。記憶中和媽媽的交流，不能用不開心來形容，但永遠都沒有樂趣。

到八、九十年代，心睿畢業開始出來工作，笑荷也在麥文記的前線退下。這時候，笑荷反過來希望心睿多一點陪她，多一點和她溝通，她總是覺得女兒很不生性，我行我素。

小時候，女兒很想和母親多相處，母親沒有時間；女兒長大後，母親想了解女兒多一點，卻變成女兒沒有空了。這份母女之間溝通和互相理解的失落，一直到了心睿學習接手麥文記的時期，才慢慢一點一滴地填補。

關於麥文記是否由心睿接棒這事，起初在笑荷這些傳統人思想裡，女性是不應該做飲食業這種粗重又粗魯的行業，笑荷自己只是逼不得已。難道女孩子做一輩子廚房這種又熱又累的工作嗎？女人應該在適婚年齡嫁人讓老公養，更何況家中還有些錢隨時可以打本讓女兒做些小生意，笑荷覺得心睿根本不用擔心，喜歡做什麼就做什麼。

在九十年代初，大約 1990、1991 年時，笑荷的心意改變了，因為麥文記當時的主理人，心睿的表哥胡國樑考慮要移民加拿大。笑荷便叫剛踏出社會不久的心睿回來麪店，跟表哥學管理的基本功，由低做起。

和表哥的年紀相差幾近三十年，再加上自恃學歷較高，心睿對表哥的管理方式諸多不滿，卻不知道處處皆有細節留心和人事平衡，表哥也公正地把心睿一些不恰當的處事向笑荷報告。笑荷不想心睿不但做不成接班學徒，更影響了麥文記的管理，心睿形容那一次，母親真的是要從麥文記「趕她走」，趕走那個不懂事的太子女。

這次學習失敗後又過了約十年，心睿從事了銀行和郵政局公務員的工作，這十年間，她人漸穩重成熟，也開始懂得欣賞母親這一輩子全力投身在家庭事業裡的堅忍刻苦。心睿帶她職場上的好同事們回家和笑荷一起吃飯、打麻雀，笑荷從這些同事口中，才第一次認識到女兒工作認真付出的一面。

在大約2001、2002年時，表哥胡國樑也屆退休之時，笑荷再次打通給女兒的電話，希望她回來接手麥文記。心睿這次卻拒絕了，試想想郵政局公務員的工作薪高糧準，論資升職，可謂是「鐵飯碗」，她不想放棄這份前途明朗的好工作。

笑荷的身體漸走下坡，但她還捱著，她還未放心。

在病房陪伴母親的日子，女兒和母親的角色好像對調了。心睿在此時才知道，原來笑荷是一個很需要人陪的人，她一個人在醫院的私人病房，也會有害怕的時候。笑荷挺忌諱住在醫院的，不想看太多生老病死，其實是不想看這四字的後三個字。那時媽姐聯姐早已退休，日間心睿和外傭姐姐一起陪笑荷，心睿通常買一份報紙，或帶本小說或公仔書到病房打發時間，外傭姐姐會煮好飯一起吃，心睿有時會在梳化上睡著；晚上，外傭姐姐便會留下來陪笑荷過夜。笑荷睡醒時總要開著電視，讓聲音充斥著病房，不致於太過蒼白。

到了2003年，心睿看著母親日漸衰老，始終希望達成笑荷由麥氏後人接手麥文記的心願。這一次的回歸，心睿正式接手麥文記。不知道是笑荷因為放下接班人的心頭大石，還是早有預料，笑荷在心睿接手後的兩個月，便離開人世了，笑荷的「捱」迎來了令她安慰的終點。

麥文記的老員工們後來總說麥小姐，即是心睿說話急、做事急、走路急。心睿很清楚這個急性子到底承傳自哪裡。

一直承傳的，還有母親笑荷始終如一樂善好施的善心。追憶至1997年，笑荷撥打一通往東華三院的電話。當下正值香港仔惠福道四號有一安老院舍動工。笑荷二話不說便簽上一張二千五百萬港元的支票，那是她勞碌一生換來，接近所有積蓄；祈付一列，寫上「東華三院」。心睿一想到安老院舍裡居住的是那些跟母親同年代的長者，大半生都把年華貢獻到香港，遂協助母親特別將款項列明用作安老院舍修建費用。笑荷時年已暮，這筆錢也算豐裕，大可以留給後代，但留財予後，豐足只有自家人，縱然家財萬貫，又有何用？

笑荷沒有忘記當日和民敬只有十六元起家的日子，半生取諸社會，她希望用諸社會。就這樣，這筆款項捐予修建安老復康中心。這一舉動，傳承的不只有善報，還有那善念，也一脈相承的流傳了。

今天東華三院的感謝獎座上刻上麥文記現任掌舵人麥心睿的名字。心睿常言，這光榮不僅屬於自己，更多是屬於母親——麥孔笑荷。

⊕ 下圖左至右：胡生岳母楊太、麥孔笑荷、陳富全太太、陳富全先生、胡太楊麗嫦、胡國樑先生

1.2 武功絕味——打點廚房江山的老闆

⊕ 胡國樑

1950 年代，或因政局，或因謀生，不少中國內地居民紛紛南遷到香港尋找新機會。當時年紀還不到二十歲的胡國樑也是南遷的其中一員，沒有錢和門路，他唯有選擇從家鄉中山游泳南渡香港。這不是一個輕易的決定，而是一個押上生命的賭注，國樑還記得在深圳河上和同鄉兄弟一起偷渡，國樑抱著一個籃球充當水泡，拼命游，拼命游。年輕的國樑心臟急劇地跳動，屏住呼吸，暗暗祈求自己能順利避過鬼門關。那年，感謝命運之神的眷顧，國樑成功游上了香港這片岸。

國樑是麥孔笑荷的外甥，麥心睿的表哥，心睿喊他表哥。國樑南下香港後，最焦急的就是盡快找到工作。笑荷聽罷便說：「何必在外頭找工作呢？自己人，到麥文記做事就是了。」國樑十分感激笑荷的提議，落腳到麥文記學師，自此扎根官涌。

1958年，麥文記麵家已從街舖搬入白加士街地舖。那時大家都沒有想過在未來，這小小的麪店會走得那麼遠，那麼長久；也沒有想過，國樑連同麥民敬軍中同僚，後來加入的周子虞，會成為麥文記除了麥氏夫婦以外的靈魂人物。國樑更是在1960年代至2003年正式退休為止，一直服務麥文記，奉上了超過四十年的青壯歲月。從一頭青絲，孑然一身，想努力生存的高瘦懵懂少年，到那個戴著老花眼鏡仍魄力十足的男人，在香港成家立業。

笑荷總是稱讚胡周二人是麥文記的一武一文，胡氏是「武」，煮食備材、管理夥計、店面收銀各樣大小事務，均事必躬親；周氏則是「文」，凡是和文書有關，不論是潤飾菜單用字、和官員打交道、處理法律文件，都仔細辦妥。笑荷尤其感恩在民敬剛去世的一段徬徨日子中，得文武二人兩脇插刀。

國樑初到甫麥文記學師時，一邊學煮麵，一邊也順理成章地成為了外賣專員。送往鄰近處，外賣會以鋅鐵盤盛裝，內裡放着一碗碗雲吞麵，夥計就這樣捧着走。送往稍遠處的話，則以單車代步，將鋅鐵盤擱在車尾。

五十年前的外賣是真正的「走塑❶」外賣，就是直接將店鋪碗筷送到客人府上。外賣夥計需等待客人用畢，方把碗筷收回店內清理，順道一併收費。國樑送外賣時有時會碰上狼狽的情況，要麼客人摔破碗碟，要麼捧着空碗碟回店，手上卻收不到分文。唉，被客人「走數❷」了。

那些年頭，吃霸王餐屬等閒事。笑荷心知貧苦大眾的日子可都是捱過來，國樑性格耿直，不好與人鬥，儘管他有時被「走數」兼夾客人連碗帶碟擲破，也從不多問，只叫他多多專心學習店內的事務。國樑的日子就這樣跌跌碰碰走過來，也憑藉穩打穩紮的苦幹，不論前期炆煮食材，還是企檔淥麵的功夫細活也難不到他，漸漸在店內捱出頭來，贏得了老闆夥計的尊重。

❶ 不使用即棄膠外賣盒和餐具。

❷ 客人吃了食物卻不付款。

國樑在麥文記的一天是這樣的：麥文記從早上十點鐘營業到凌晨兩點，店面隔鄰大樓的一樓是麥文記的食材準備區。國樑在開門前的一大早便要回去樓上備料，準備雲吞、水餃的餡料，鮮蝦、脢頭豬肉、香信，一一切好、調味、撈勻，備好料後就是包的工序，基本上白天很長的時間國樑就待在樓上負責煮食的前期功夫，和他的餡料們共處。大約工作到下午五時多，他就會開始挑菜摘菜，再調校好新一輪供晚市使用的餡料，在晚上六時左右便會回他自己家裡吃晚飯，休息一會兒。到晚上九時，國樑又會回到麥文記，早上坐在櫃面收銀的是笑荷，晚上那幾小時便交由國樑接力，直至關門時間，收檔，結算一天辛勞的收入。那時，國樑已經娶妻，國樑太太是家庭主婦，和他有著同樣忠厚勤勞的個性，自成婚以來，她每天都會抽幾個小時回麥文記幫忙，夫婦倆在育有四個孩子後的生活仍是如此，太太主內，國樑主外，每天充實地忙碌著。

「基本上，表哥的勤勞程度，就像是一頭牛一般。」心睿這樣形容。

有次國樑要去做一個割膽石的手術，在今天雖只是個小手術，但在以前還未有微創科技的年代，割膽石真要捱一刀，再住院一個星期待手術傷口復原，復原期間的不適痛楚也比現在來得嚴重。那時國樑上午才出院，下午便拖著蒼白的嘴唇，彷彿只有半條人命似的，準時回到麥文記開工做事。

心睿和國樑年紀相差大，國樑雖是表哥，更像心睿的大家長，似爸爸的感覺。心睿小時候經常都和國樑的四個兒女一起玩耍，孩子們都差不多大，而且那時大家都住在麥文記附近，經常到國樑家串門子吃飯。國樑在難得休息的時間裡，也時常帶心睿和他的孩子們到紅磡的大環山游泳池游泳。

「去游水咯！」每次心睿一收到表哥打來的電話，便會喜孜孜地知道又可以出門玩樂一天了。雖然心睿不懂得游水，但喜歡的是一大家子人一同消磨的日常。

當國樑工作時，肩負著主事人身份，形像又截然不同。小時候的心睿在麥文記看著表哥時，他真的是一個很嚴肅，語氣挺惡的老闆。國樑很少笑容的，開口說話也少。每次他真的要出聲和夥計說話時，都是到了他不得不提點的時候。

「每次都是一句起，兩句止。」

夥計們都知道，國樑就是一個落手落腳，親力親為的老闆。他最自在的時候，便是一個人躲在樓上他專屬的煮食角落裡，每天的注意力，就是放在他那盤蝦肉餡料，一次又一次調校出專業一致的味道，讓客人品嘗到最好的風味。

這個沉默寡言的男人，不愛說話，卻愛唱歌。他會唱甚麼歌呢？他唱的竟然是廣告歌。

「放咗工去邊？搵藍妹！」❸

❸ 七十年代藍妹啤酒電視廣告口號。

「今晚阿 Sir 請食飯，隨便坐，你精我都精，飲杯竹葉青。」❹

國樑一邊工作時開著收音機，聽到收音機播放著甚麼搞笑生鬼的廣告歌，他就會忍不住裝著腔調大聲地跟唱起來，這是他獨有的娛樂。

在夥計間，國樑還有個花名，叫做「馬王」，一半欣賞，一半笑話。

就實力而言，國樑賭馬很厲害的，一方面他會刨馬經研究，另一方面，就如當年游水到香港的彩數般，他也有些賭博的小運，常常贏錢。當年要投注當然不像如今的人般在智能手機裡用馬會的應用程式網上投注，而是要親身走到馬會去落單。麥文記和馬會只是很就近的步程，國樑每去一趟，都會連買幾場，銀包裡袋著一疊厚厚的馬票回來。

但不知道為何，國樑在賭錢上有點小冒失，他常常都搞混中了獎的馬票和沒

❹ 七十年代山西竹葉青酒品牌電視廣告對白。

中獎的馬票，然後把可以中了獎的丟掉又保留著沒中獎的，到了馬會想兌現獎金時，就只能哭喊著臉飲恨。夥計們取笑這老闆次次買中，又次次收不了錢，所以叫他做「馬王」，是一個笑話。

在民敬離去後的日子，笑荷深深看見國樑這外甥對麥文記的付出，進一步肯定他的貢獻，正式邀請國樑擔任主事人，請國樑放心告訴周圍的人，他自己就是麥文記的老闆之一。當時所有供應商、附近的店舖、街坊都清楚知道，胡先生就是麥文記的老闆。

肩負起一間麪店，傾注大半生，國樑不是從來沒有其他想法。在這四十幾年的服務間，有兩個時刻，國樑也想過有其他發展，但兩次他都選擇了再留下幫忙他的舅母笑荷。

第一次是八十年代尾，中英聯合聲明簽署後，香港出現了一波移民潮，國樑也思考過要全家移民到加拿大。事緣國樑太太的家人，早已全部移居到加拿大，雖然國樑沒有強烈的移民動機，但他也明白太太想一家團聚的念頭，於是向笑荷提起移民的可能。

笑荷當時已經六十歲了，她有種預感如果國樑不再擔半邊大旗，麥文記說不定就做不下去了。那時另一半邊大旗周氏，他是一個文人，不可能代替到國樑「武」的工作，何況周氏年紀比國樑大，更已清楚說明了退休便會回美國和家人同住。管理廚房和食物的角色，只有國樑可以，笑荷絕不希望這由她和丈夫民敬一手創辦的字號付諸東流。

「媽媽實在是有她獨到的視野和氣魄。」

笑荷得知國樑欲移民的考慮後，曾經在九十年代初，叫女兒心睿回來跟表哥學師，看看是否可能接棒。可惜，這次的學師以失敗告終，表妹和表哥的處事手法可謂「水溝油」，南轅北轍。

國樑的做法在年輕人心睿的眼中是舊式過時。例如在店內滅蚊蟲，心睿提議安裝紫外光滅蚊蠅燈，國樑卻堅持用那種一片片黃色長條型，從天花板吊掛下來的蒼蠅膠紙。心睿心想，讓食客們看到這一張張和自己食桌如此接近的，佈滿點點黑色蚊蟲的膠紙實在不體面，更甚是，國樑總是要待整張膠紙幾乎粘滿才捨得叫夥計去換張新的。當心睿受不了請國樑更換膠紙時，國樑卻一臉認真的用手指指出說：「這裡還有個空白位可以粘蒼蠅。」

「蒼蠅總不會認著這空白處一頭撞過去吧？」這究竟是節約還是古板，心睿百思不得其解。

初出茅廬的心睿每天見到母親時，總會投訴表哥種種她看來不合理的做法。同時，國樑為表妹的尚未成熟的行為嘆氣之時，也會如實向笑荷反映。

笑荷心知女兒接班，還未是時候，唯有力勸國樑再三考慮。

國樑自己本身就不很屬意移民，加上他母親當時還健在，居於香港，國樑決定先讓太太帶著最小的女兒先搬到加拿大，年紀較長的三個孩子，由於已經唸中學了，為了不影響學習，便和國樑留在香港。

國樑由是變成了「太空人」。在八九十年代，香港有不少「太空人」，通常是妻子和子女移民外地生活，丈夫則獨自一人留在香港工作，為了維持家庭關係，只能頻頻搭飛機，兩地穿梭，成為了另類的「太空人」。

第二次國樑欲有其他發展時，也在八十年代，是後期他曾與一個麥文記的舊夥計黃標在旺角另起爐灶，開了一間叫華記的粉麪店，不是賣雲吞麪的，而是賣牛雜魚蛋粉。

老實說，國樑當時也沒有退出麥文記的意圖，只是想多勞多得，把在麥文記休息的時間再去發展另一門生意。然而，笑荷知道國樑一旦做事，總是百二分的認真，實在怕他身體支持不住，而且長遠而言笑荷預料華記的經營不會長久，希望他專注於麥文記。國樑也再一次相信了笑荷，留在麥文記了。

在國樑退休後，有時心睿和他夫妻見面飲茶時，國樑間中還是向表妹吐露一兩句怨言：「那時被你阿媽『昆❺』了，如果我跟著你表嫂那時移民不知多好。還有，我那間華記，做得挺好的，不用交租，位置又好……」

心睿每次都照聽不誤，笑笑不說話。她知道表哥根本不愛到別處生活，就是喜歡嘴上唸唸。至於華記，天底下除了做慈善外，哪有租舖卻不用交租的好事，笑荷也是預計到這點。

何解華記不用交租呢？

❺ 正字為「詪」，廣東話中欺騙人的意思。

黃標像國樑一樣，也是廿歲出頭就在麥文記出身，國樑看著他成長，視他如弟弟，喊他標仔，關係很好。標仔在人脈的搭上搭之下，竟然覓得了一個位於旺角，在「魚蛋檔」樓下的免費地舖，位置不錯，便立刻詢問國樑有沒有興趣一起做生意開食店。

什麼是「魚蛋檔」呢？這是在香港八十年代盛行的，遊走灰色地帶的色情場所。「魚蛋檔」多數位於唐樓的閣樓，樓底矮，燈光昏昏暗暗，然後劃分為一張張卡位。在檔裡工作的被稱為「魚蛋妹」，通常都是一些未成年，約莫十四五歲的中學女學生，放學後便會到檔裡工作。她們的工作不涉及賣身，多是在卡位內和客人聊聊天，最多是摸一下手，抱抱扭扭。

經營這些場所的黑社會多數會整棟兩層唐樓租下，只用閣樓經營「魚蛋檔」，樓下則隨便找人開個食店或民生用品店掩人耳目，所以才有不收租這種怪事。

然而，「魚蛋檔」在九十年代初開始式微，加上執法部門大力打擊，華記樓上的生意消失只是遲早的事，最怕是連累了樓下的店主被一同執法，結束華記算是明智之舉。

笑荷明白國樑兩次留下來的決定，都要作出不少的個人犧牲，為表謝意，她和麥文記的文武二人立下股份分配書。分配書上寫明麥孔笑荷、胡國樑、周子虞三人平分麥文記的股份。後來周氏在九十年代初決定移民美國後，他無條件交出了他三分一的股份，於是股份便由三分變成二分。笑荷再和國樑私下簽署了一份合約，合約中訂明國樑和笑荷平分股份，二人均是麥文記的老闆，倘若二人其中一人主動退出或離世，不代表另外一方會自動擁有全部股份，而是這份合約會作廢，一切要交由麥孔笑荷的後人再作決定。也是從這時開始，笑荷邀請國樑放心對外稱自己為麥文記的老闆。這份合約書，也是在笑荷2003過身後，心睿才得知的。

幸好九十年代心睿回麥文記跟隨國樑學師時的衝突，未有影響二人的關係。

到了心睿在 2003 年後正式接手後，還是常常找表哥飲茶聯絡，而且接手初期有些和供應商的恩怨關係，還是要國樑站出來幫忙擺平。

要數需要表哥幫忙的麻煩事，不得不提一間麥文記光顧了幾十年的食材供應商。這間供應商的老闆恃著和麥文記合作多年，和國樑認識時間長，常常欺負新接班人。例如夏天香港颱風天，少了食客，預計去貨不快，想提前通知無法訂購那麼多食材量時，堅持不讓減貨。心睿打算向別檔供應商取貨時，這舊供應商老闆便想辦法令其他供應商不敢供貨給麥文記。最煩擾的是，這舊供應商老闆每每飲醉酒，便會走到麥文記騷擾。本想著多一事，不如少一事，只能每次這人來鬧事時，心睿都請表哥出來好言相勸。國樑是一個與人為善的人，無奈這供應商不念往日友好合作的關係。

國樑習慣了從早忙到晚的生活，在退休後還是閒不下來，總是喜歡看看有沒有什麼投資機會，平常興趣就是觀察舖位。早些時候，國樑和心睿飲茶時，還跟她說看中了尖沙咀彌敦道近山林道的一間舖位。那時國樑已經七十多歲了，他太太也不想他工作得如此辛苦，便叫他千萬不要頂手，不然國樑還想再開一間華記二號呢。今天國樑已經八十多歲，和妻子偶然參加中山同鄉會的活動，去去旅行，打打麻雀，過著簡單的日子。

一生只做一件事的感覺是如何的呢？

從渡過深圳河開始，國樑大半生就在香港官涌的麥文記，從學徒、外賣員到廚房主事人、老闆。很多時刻，國樑的決定，留下來也好，開新事業也好，都不僅為錢財，而是他真的很喜歡飲食這行業。他的熱情、專注、知識、專業，全部散落在那麥文記的每個角落。

1.3 文膽妙筆——想出銀絲蛋麪名堂的頭腦

⊕ 周子虞

麥孔笑荷常言麥文記麵家幸有一文一武坐鎮。除了有胡國樑這位當打武官主理廚房，更不少得周子虞這位八面玲瓏、妙筆生花的文官，他就是麥文記的掌櫃，還是公關。周氏比胡氏年長約十歲，心睿自少便尊稱他作周伯伯。

「周伯伯也是其中一位，我希望在這書本中多多著墨的重要人物。」

雖說子虞是麥文記的「文」，他的出身卻從「武」而來。

就如笑荷和民敬，子虞和民敬同樣結緣於國民黨軍隊。子虞和民敬在廣州是

屬同一軍旅，民敬是子虞的前部下，也是戰友，有著許多一同出生入死的日子。民敬比子虞較早離開軍隊到香港謀生，先在廟街冷巷和妻子笑荷夫妻檔賣雲吞麪，生意越做越大，更在1958年買下官涌白加士街五十一號地舖正式入舖。與此同時，子虞在國共內戰後期也退出了國民黨軍，同樣南來至香港自力更生。

初來乍到香港，人生地不熟，子虞不知如何重新開始，只能拼命找工作，又做些小生意。民敬知道子虞來到香港的消息後，便立馬邀

⊕ 中間：麥民敬、右：周子虞

請他到麥文記擔任掌櫃一職。

那時民敬已有國樑這位得力助手掌管廚房，但入舖和街檔不同，有許多繁瑣的事務，既要招聘和管理更多人手，又要和官員溝通，還有各種文書牌照。這些工作，國樑既不擅長，又實在分身不暇，每天備料煮食已夠他忙；笑荷雖然心細有條理，可惜不識字，無法勝任。民敬這時想起了子虞，想起他以往管理軍隊的領導和組織能力，實在是不二之選。

收到民敬的邀請時，子虞已是結婚成家，育有子女，是一家之主，肩上挑著要好好照顧家庭，養妻活兒的擔子。子虞早已聽聞這位舊日幕僚在官涌闖出一番事業，他深知這可能是個難能可貴的發展機會，便二話不說答應了民敬的邀約。

「雖說今天是我請了你做員工，但其實大家都是麥文記的一員，都是一同做事的。如果你觀察到有什麼做得不好、要改善的，切勿不好意思，即管講給我和笑荷知道。你就是麥文記的掌櫃。」

民敬欣喜子虞的加入，子虞也對新的工作和責任充滿期待。

子虞加入麥文記的首個任務，便是為店舖撰寫聘書、舖規，獨特之處是這些文件均是由子虞用毛筆所寫。五、六十年代的香港，打字機也是昂貴的稀罕物件。子虞寫得一手工整有神的中文書法，這絕活令心睿十分佩服。

麥文記的第一代舖規，由子虞訂立，只有簡單二則：

「同事之間，不可以打架。」

「同事之間，不可以借錢。」

本店規則

無規矩不能成方圓，際茲商戰日烈之時，凡我員工必須克盡職守，茲訂店規如左，希各遵守為要。

(1)各工作人員上下場時間，必須嚴守，非經主管人許可不得遲到早退。

(2)各店員倘有請替工之必要時，該替工必須經主管人許可。

(3)店內各部門經常保持清潔整齊，各店員之衣服什物不得任意放置，以重觀瞻。

(4)各店員在工作時間，必須穿着制服，務須整潔，以重衛生，注意儀表，免失觀瞻。

(5)本店員工如有親友到訪，礙於情面，擬代付賬時，應即向柜面聲明記賬，以重清白，並不得挽留食宿。

(6)本店支發月薪有一定時間，不得向柜面挪借。

(7)對於各號來貨，應通知負責收貨人點收。

(8)本店員工無論任何時間，不得在店內或宿舍聚賭及吵罵打架等不法情事。

(9)店中公物必須珍惜，如有損壞，應向管理人報告，以便補充

(10)夜間就寢前必須將電燈熄滅，以惜公資。

(11)各員工如有高就，請求解僱者，必須預早七天通知主管人

(12)被辭退之員工亦須預早七天通知或補回七天工資不

⊕ 周子虞寫得一手好字，可惜店規墨寶不知所終，現存為後來其他同事代筆的版本。

這兩則舖規用毛筆寫好在卡紙之後，便裱起在玻璃架中，掛在店面的當眼位置。不只是讓員工們看到，食客們也會看到，一同監察夥計們有沒有遵守這些規則。

子虞訂立這兩條舖規的原因是，在舊時那個年代，人們很容易在工作期間，一言不合就打起架來，不只影響食客體驗，又令店舖形象受損；另外那時香港賭風盛行，借錢賭博十分常見，正所謂講錢傷感情，子虞希望員工間還是沒有錢銀轇轕，清清白白。這就如民敬和笑荷從來不和夥計們賭錢的緣故般，即使只是小額，也不願參與，以免員工無心工作。

這麼久以來，有沒有員工曾經破壞這些舖規？答案當然是有的，然而，有也只是少數。為什麼呢？因為不守舖規就會被炒魷魚❶呀，那個年代在麥文記工作可是包伙食包住宿的，丟失了工作就等於沒有地方住，可是件大事。因此，為了生活，員工們多很聽話，也十分尊重胡生和周生。

❶ 廣東話俗語，被老闆解僱的意思。因為炒熟的魷魚會卷起，就像被解僱後的員工不開心地踡縮著身子；也指捲起簾離開。

子虞同時是麥文記的文膽。在六、七十年代的香港，廣式粉麪舖以「竹昇麪」招徠客人，這三字仿如光環，此名一出，大眾自然而然會認為該間麪店所出必屬佳品。其實，竹昇麪與一般蛋麪的材料無異，而是製作的方式不同。「竹昇」指一枝以竹木製作的踸麪工具，故喚作「昇」、「竹昇」。竹昇麪則指以造麪師傅騎在竹昇上，以此在蛋麪糰上來回踸壓，令全蛋麪糰產生筋度，有說以此法製麪能令麪質口感特別爽彈。

當時以竹昇踸麪並非奇聞，每一家麪店均是如是。子虞並沒將麥文記的麪以竹昇自居，而是取名「銀絲蛋麪」。

「所以其實上代已經有『品牌』這個理念，他們不用『抛書包』便已經把概念『落地』。」

他認為與其人云亦云，有自己的定位，在菜式名上為客人留下難忘印象和引

發好吃的聯想更加重要。故此，子虞以「銀絲」比喻，凸顯高檔矜貴的檔次，同時強調麥文記的麪質猶如銀絲般順滑。那時尚未有社交媒體，口碑就是靠街坊街里口耳相傳，去麥文記吃碗銀絲蛋麪就好比今天的我們要到新開的餐廳打卡一般，沒有吃過就落伍了。

麥文記蛋麪原本就在民敬、國樑到民敬堂弟麥蔭南幾代造麪人的精益求精下，不斷改良配方做法，口味一絕，再加上「銀絲蛋麪」這品名，更令麥文記在眾多廣式粉麪

⊕ 麥文記早期卡片

舖間獨樹一幟，客人就更是絡繹不絕了。子虞的眼光和創意實在應記一功。

子虞還有一件他做得特別好，跟得足的工作，就是和各個政府部門聯絡，把各項牌照、表格、書信往來妥善歸檔。第一代的麥文記的霓虹光管招牌要掛上時，有趣的是，當年霓虹光管招牌還不是由今天的屋宇署招牌監管制度所管轄，一家店舖的霓虹光管招牌可否掛上，是要向中華電力有限公司申請批准的。這些紀錄著當時城市管理的實體文書，皆是由打字機和油墨所打成，不易褪色，可長久保存。

這些關於招牌的文書在香港屋宇署自 2013 年 9 月開始實施的招牌檢核計劃中十分重要，在 2003 年後接手麥文記的心睿也十分感謝子虞當年有條不紊的檔案處理，因為他對文件的重視和謹慎細心的處事，留下了證明麥文記招牌是以正式合法渠道申請和掛上的重要憑據，也是充滿歷史價值的珍檔。

「所以一道霓虹光管招牌背後，是一整間舖的心血。」

子虞和民敬一樣，衣著打扮上，獨愛度身訂造的配有馬甲背心的三件頭西裝，和黑皮鞋，一定要整齊、乾淨、俐落，軍人的標準。現在一般粉麪店坐在門口收銀處的人，要麼穿著店家制服，要麼也是輕便舒適為主的服飾和方便走動的波鞋，一個西裝筆挺的男士站在櫃面，也確是當年有趣的都市一隅。說起來，麥文記的第一代制服是白色的唐裝衫褲，有專業的感覺，是那年代港式的風格。

除了收銀的崗位外，子虞在麥文記中最常逗留的就是第十一號卡位。

第十一號卡位是麥文記店裡一個特別的兩人座位。這個卡位就在麪檔的正後方，由一根柱子和其他座位相隔，只能單邊進出，平常不易注意到。如果要坐進這卡位，客人必須側著身子，拿好手上的東西，緩緩移動進去。坐好後，客人便會面朝著貼了菜單的柱子，右邊可以看到煮麪師傅手腳麻利地煮著一碗碗新鮮熱辣的雲吞麪，左邊則是其他卡位，坐著吃得有滋有味的食客們，坐在這有點隱閉又不起眼的小角落裡，可以享受到你在看別人，別人卻看不到你的優勢。說起來，

⊕ 上圖：麥文記店內十一號卡位
下圖：麥文記日常實況

第十一號卡位還是滿適合今天的I❷人呢。

子虞說不定也是一個I人，不像國樑說話中氣十足，閒時愛說笑哼歌，子虞十分文靜，說話不多。問起心睿和其他夥計們，大家花半天也想不到子虞的一句口頭禪。

每一天的非繁忙時段，子虞都會花上好幾個小時，靜靜地坐在十一號卡位，默默地觀察著生意和員工：看看什麼時段會有哪類客人光顧，食客們喜歡點怎樣的配搭，員工們走動出餐的流水線，店面的清潔衛生狀況……

在那個還未有智能手機的年代，坐在十一號卡位，隨著不同的人來來去去，傾談著他們那刻覺得重要的事情，只要細心傾聽，便會留意到許多人情世故，民生百態。

❷ MBTI 16型人格測試中的I是指Introvert，內向型人的意思。

有一天，子虞如常地坐在十一號卡位，卻聽到了不尋常的話。

「有冇搞錯呀？我實投訴你哋！」❸

只見夥計剛端上一碗細蓉雲吞麵到客人面前，客人只呷了一口湯，嗦了一撮麵，問了夥計兩句，突然面色大變，氣沖沖地拍枱斥罵，遂起身拿著那碗吃了兩口的雲吞麵往店門外衝出去，連麵錢還未付。

一眾店員口瞪目呆，還未反應過來之際，子虞二話不說，連忙從卡位起來，三步併做兩步向食客追去。

幸好食客也只是離開了麥文記幾步之遙，子虞很快便追上了。

「我係麥文記嘅掌櫃，小姓周。請問呢位客人可唔可以講返係咩事幹，等我哋

❸ 廣東話，意思是「有沒有搞錯呀？我一定投訴你們。」

一齊睇吓點處理？」❹

食客見到眼前這位溫文儒雅，西裝革履，自稱是掌櫃的男人，他沒有想像過這種看起來像老闆級別的人會親自追來了解，也不好發作，怒火先減了五成。

就在熙來攘往的官涌，白加士街五十一號附近，一位單手捧著碗微微散發著溫熱的雲吞麪的食客，面對著不徐不疾的子虞，對話便延展開來了。

食客一股腦兒把不滿傾瀉而出，原來他算是麥文記的常客，光顧過好幾次。但今天這碗麪卻和他之前食過的味道相距甚遠，他心下好生懷疑便問店員何解口味不同了？怎料店員卻直截了當地回話說一直都是這個味，他頓覺不被尊重，說要拿走這碗麪向政府或傳媒記者投訴云云。

儘管在街道上已有不少好事八卦的街坊認出是麥文記的周先生，好奇他和這

❹ 廣東話，意思是「我是麥文記的掌櫃，我姓周。請問這位客人可否講清楚發生什麼事情，讓我們一起看看如何處理？」

位看起來怒氣沖沖的食客是否在吵架，子虞還是把注意力放在眼前的客人，全心全意地專注聆聽他的每一句話。

子虞再三確認客人不滿意的地方，表示一定會回店裡跟進。同時，他也苦口婆心地告訴客人經營麪店的種種不容易，但願互相體諒。

二人不經不覺間談了足足三十分鐘，那碗在食客手上的細蓉也漸漸變涼，更別提客人捧得手臂也疲軟了，子虞順勢詢問取回那碗細蓉，再向客人保證必定認真對待他的意見後，這次的麪錢就免收了，道別回到店內。

剛才的夥計站在店門等著子虞回來，面色發青，心想自己必定要挨一輪罵了。子虞無聲地拍拍他肩膀，擺了擺手，夥計才鬆一口氣。

其實孰是孰非，子虞心中也有個譜。然而，這件事對他來說也是一次教育店員待客的良好機會。他先向國樑交待來龍去脈，他倆商量有沒有甚麼廚房工序有待改善，然後召集舖面店員快速地講解應對客人要小心的位置。那是所有人見證子虞說得最多話的一次。

過了數天，坐在十一號卡座的子虞看見這位食客又前來麥文記吃麵，他會心微笑。當然，這位食客看不見他。

在民敬去世後的日子，也多得「文武」二人兩脇插刀支援笑荷，繼續經營麥文記。

笑荷對子虞信任有加，一方面將麥文記股份與國樑和子虞三人平分，另一方面，在1971年，聯合子虞和陳富全先生在旺角西洋菜街開設好旺角粥麵專家❺，自此子虞便同時兼顧麥文記和好旺角兩家食店的生意和工作。

❺ 麥孔笑荷、周子虞、陳富全是好旺角粥麵專家的第一代投資者，現時餐廳已易手。

自心睿懂性開始，她便親眼見證周伯伯的勤力程度。

每一天，子虞在早上十一點之前，大約十點半左右就會到麥文記上班。那時子虞住在何文田勝利道，他天天都會乘搭三號巴士，在佐敦道南洋商業銀行門口那一站下車，三四分鐘便可步行回麥文記。

回到店舖，子虞便先到他在二樓的房間做一些準備功夫，先結算好前一天的數目。那時麥文記是採取每半月現金支薪的出糧方式，子虞要先把工錢預計妥當。同時，子虞也要確保收銀處有足夠的銀頭❻，要先到銀行排隊領錢，備好多少包一元、多少包一毫、多少包五毫等等瑣事也是要仔細核對。

做完這些工作，約莫早上十一時半，就是麥文記員工午膳的時間，子虞也會一同吃飯。麥文記當時已特別僱用人員，另煮午餐和晚餐給夥計們，雖是員工餐，但是每頓飯起碼有四餸一湯，有菜有肉有米飯，營養均衡。因為笑荷相信，員工

❻ 銀頭，即硬幣。1975年時港府才首次推出二元和五元硬幣。

吃得飽和夠營養，才有足夠體力幹活做事。

吃過午飯後，子虞通常就在店鋪的樓面站著幫忙，準備好隨時補位頂檔，例如收銀的同事去一下洗手間，他就會幫手收錢。鋪面不忙時，他就回到老地方，第十一號卡座，做文書，也順道觀察食客百態、聽市道消息。

到下午三時，子虞就乘車到旺角西洋菜街的好旺角粥麪專家。那時通常笑荷和子虞都會叫好旺角做「分舖」。子虞在好旺角也做一些文書公關工作，也坐坐櫃面做收銀。那時在好旺角的收銀夥計看到子虞來到店裡，便會把位置交給子虞，自己去其他崗位做事。不同於在麥文記，子虞有自己的工作房間，在好旺角只有店面和二樓的工場，所以子虞就會在下午坐在收銀枱那裡工作。

時間到了下午五時四十五分左右，子虞就回到麥文記吃晚飯。麥文記的員工晚膳時間分開兩輪，第一輪喚作「頭圍」，子虞通常吃「頭圍」，吃完飯後又會到收銀處接更，讓收銀同事上樓吃晚飯。頂更到晚上八時左右，子虞才會下班。

日復如是，按著不同的時間，子虞會出現在不同地方，有時是會計師、有時是收銀員、有時是掌櫃、有時是公關，一貫樸實沉靜的默默工作。

在六十至八十年代，子虞的大部分時間都投放在麥文記和好旺角。這段期間，子女們長大成人，又建立新的家庭，孕育下一代。後來子虞的孩子們都移民美國，在九十年代，子虞也決定到美國和家人團聚，告別笑荷和國樑，遂無條件讓出他在麥文記的三分一股份。

到今天，在麥文記的保險箱內，心睿仍保管著周伯伯書法的真跡，還有牢牢記著當天為了麥文記的聲譽，追食客到店外，那認真謙虛的西裝背影。

1.4 味的執著——不同崗位的沉默男人們

⊕ 胡寶、麥蔭、劉海、孔憲教

如果用四個字概括胡寶、麥蔭、孔憲教和劉海這四個男人的個性，心睿選了「沉默勤勞」。他們四人都是民敬的親戚，也是對麥文記貢獻良多的重要人物。他們在麥文記，各有各默默耕耘的小天地。

胡寶是民敬同母異父的兄弟，這從他們不同的姓氏可以得知。胡寶是當年民敬母親改嫁時帶著的兒子，然後再誕下民敬，所以胡寶是大哥，民敬是二哥。心睿喊胡寶作伯爺。

也不記得伯爺一家究竟何時從內地來香港，許多民敬的親人南來後便會被邀到麥文記工作，畢竟人浮於事，一家人同舟共濟，笑荷覺得能幫便幫。

伯爺在麥文記一直都是擔任出品部廚師，除了負責準備食材、烹調食物，確保出品品質和衛生安全外，也要協調夥計間的工作。伯爺的模樣，似足五、六十年代做大牌檔男人的樣子，劏一個很貼頭的平頭裝髮型，一頭白得發亮的九毫米短髮，長得又高又壯，卻又不會讓人生畏。為甚麼呢？因為他雖然高大，但胖胖的身形和圓臉，再配上一對特別大的眼睛。

「感覺有點像那個卡通姆明的爸爸。」

那時香港沒有全面禁煙，店內食客夥計都可食煙。出品部是很累人的，還要一眼關七，伯爺休息就點一根香煙，緩緩地吸一口放空，一根煙的時間後又投入下一輪工作。

伯爺一直在麥文記工作，直至1971年。1971年時，笑荷、子虞和陳富全先生在旺角西洋菜街合資開設好旺角粥麪專家。子虞作為文人，也不懂如何製作食品，管理廚房，故此伯爺便受笑荷邀請過了好旺角擔任出品。於是，伯爺介紹了他的女婿劉海到麥文記填補他的空缺。

伯爺有大女兒名為胡蝶，胡蝶的丈夫是劉海。胡蝶是心睿的大堂姐，劉海便是她堂姐夫。自從被岳父介紹了到麥文記，劉海便在這裡工作到他退休為止。許多民敬、笑荷的親戚可能是幫忙一下子的時間，然而劉海真的是在這裡投放了他的所有青春歲月。胡蝶也順理成章地經常到店裡幫幫丈夫。

和胡寶不同，劉海個性絕對談不上敦厚近人，甚至是有點個性激烈。他不算一個好講話的人，脾氣也比較古怪。他是一個很傳統的廚房佬，就是不准別人碰他神聖的廚房聖地。

問那時和他共事的舊夥計們，他們都會提及一件搞笑事，就是劉海真的會「裝彈弓❶」去檢查有沒有人碰過他的設備。例如他會放一張紙在廚房櫃桶拉門的位置，第二回再回來看看那張紙有沒有移位，便知道有沒有人移動過他放好的廚具。劉海這種堅持的態度，是因為廚房是他的地盤，如果有人今天進來搞亂或弄髒了，明天他做出來的食物，如果有甚麼問題或差池的話，到底由誰人負責？所以他會有這個態度。

「就算是當時的老闆，有時都會因為怕了劉海，而未必太想進入廚房重地。」

劉海雖然工作時不說話，但生氣起上來，也是會發飆。有次，一個小朋友碰過他煮食的爐頭，他暴躁得把拿著菜刀的手一下拍到枱上發出好大的「轟」一聲，然後連珠炮發地用粗口罵起上來，叫小朋友不準接近爐頭。

有時候，不愛說話是不懂得表達，那刻狂飆髒話的劉海，更多的是擔心小孩

❶ 廣東話，原指安裝捕獸夾，後引申成設定圈套。

子受傷。這是心睿長大後聽母親講的。

「這麼多年來，夥計們都不約而同地教會我一件事：凡事實在不能看表面。」

即使笑荷這位老闆，要進入廚房，也要向劉海申請。記得每年年三十晚和年初二開年時要進去廚房拜神，笑荷都要事先和劉海溝通好。

當時做飲食，已入了舖，還是要「走鬼」。那時麥文記的二樓有一個鈴鐘，只要一按下去，煮食工場便會聽到鈴聲，代表衛生幫的人來到了，樓上的人趕緊把東西收好。

有一次，年少的心睿貪玩按了那個鐘，說「海哥，快點快點，他們來了！」劉海匆匆整理好後，等了又等，為什麼衛生幫的人這麼久還沒有來，心想一定是這心睿的惡作劇。幾個箭步走上樓，朝著店裡怒喝：「誰按那個鐘？」

這些時候就是國樑去拆招的時候。一個表哥，一個堂姐夫，其實他倆也不是很易對話的人，因為兩人同樣固執，但只要國樑叫劉海「拍硬檔❷」，劉海往往都會聽他的。

劉海基本上是一個人做光廚房裡大部分的工作。到了後期，他很多時會直接在店裡過夜。通常，他下午回家睡兩小時。晚上關店後，直接在店裡的兩張枱之間放一塊木板，鋪一張薄被，像雜技人般睡在上面。其實要這樣睡，是因為晚上他要顧著他那煲湯底到很晚，第二天一大早又要開始煮新的湯頭，為了節省時間，只好以店為家。

那個年代的人，可以形容是很偉大地把所有時間奉獻給工作，但同時是完全沒有家庭生活的，絕對沒甚麼工作與生活之間的平衡，工作就是生活。劉海有七個兒女，但他的妻小從來沒向他投訴過，是一種典型的男主外，女主內的想法，知道父親不休假的拼命工作，也是想為家庭子女捱出頭來。這種謀生活的拼勁，

❷ 廣東話，請求別人大力協助的意思。

也是那一代人的精神面貌。

而在廚房內，有一個特別的造麪房，這造麪房不由劉海管，而是麥蔭的天地。

麥蔭是民敬的堂弟，是麥文記的第一代打麪師傅，大家都尊稱他作蔭叔。蔭叔的太太，心睿叫她做阿嬸。就如胡蝶般，阿嬸雖然不是受僱於麥文記，但她很多時候也會到店裡幫手，最常就是清早的時候和笑荷分工合作剝蝦。

蔭叔也是民敬南來的親戚，他來香港後以一技維生，到麥文記負責造麪。他調製的配方，低筋麪粉、鴨蛋、食用鹼水是今天製作全蛋麪的基本配置。他的造麪技術也不是民敬所教，他在家鄉廣州花縣就已學懂，後在麥文記和民敬一同研究改良。

隨著生意興旺，對於麪有越來越多量的需求，民敬多請了一個小朋友來幫忙蔭叔。小朋友全名是李偉雄，大家叫他九叔，九叔和麥氏沒親戚關係。九叔剛加

入麥文記時，真的是一個小朋友，只有十幾歲，也是一位很忠心的夥計，蔭叔教他打麪，一直做到1990年代才在麥文記退休。

那時候的造麪房，長期都有兩個師傅，蔭叔和九叔。直至蔭叔先退休，也有再另外請一些師傅來專職打麪，不然一個人做全日真的做不來。到後期差不多九十年代，又變回一個師傅做。不是對麪的需求量減少了，而是引入了機器協助，再去到後期，連造麪房也拆掉，全面交由外判麪廠製作麪條，當然也

⊕ 拿着筷子男士：麥蔭

一定要根據麥文記的配方做。

「但係好無奈，因為害群之馬的緣故，把學徒制取消了，是一件對飲食業影響力深遠的事。」

以前學徒制在飲食業是很重要的一個制度，取消了這個制度，隨之學徒能得到的福利也改變了。所以這就是為甚麼少了人入行。現在的飲食業從業員，很多都已經是五十歲以上，就是因為九十年代開始，沒有了學徒制，少了許多青壯新力軍。像九叔這蔭叔的好拍檔，就是蔭叔的徒弟。當然，舊時香港也沒有禁止童工這回事，九叔才可以年紀小小就開始打工。

劉海也有一個不是徒弟的拍檔，是心睿的表哥，是笑荷那邊的親戚，叫做孔憲教，孔憲教是笑荷的親侄子，名字中的「憲」字源自孔姓排輩的家族譜系。從六十年代加入麥文記到 1996 年公司改組，他在這裡打工超過三十年，成為了這家老店背後一個重要但默默的影子角色。

「我一般都會把他稱呼為教表哥。」

教表哥在六十年代加入麥文記，負責樓面工作。因為劉海雖然年中無休，但總會有事情要辦或是病倒時，病得嚴重時，都要有人懂得做他的工夫，所以便有了阿教。

阿教會在廚房工作，例如炆牛腩、煲湯、切食材等，都是劉海教他的。阿教也是和劉海一樣，在店裡睡的夥計。除了樓面和廚房的工作，教表哥還肩負起店內大大小小的維修任務。水電維修、簡單的器具修理，甚至過年時為笑荷家中的鐵閘上油。更甚的是，就連家裡修理電視、貼揮春，甚至連廁所的水電問題也由他一手包辦。他不僅是店裡的「全能師傅」，更是家裡的「萬能親戚」。

「當時人與人之間的關係很重信任，與現時社會分工變得越來越細化，每個人都只會做自己的職責範圍，兩者有很大分別。」多重身份，反映了那個年代人與人之間的關係——不單是所謂的「賓主關係」，而是更深層次的親情和人情的交織。教表哥從不計較工種的界限，也不會因為額外工作而抱怨，這樣的態度在今天社會中已經愈發罕見。

「我記得阿教也工作至1996年，才退下崗位。再看看現時的夥計，其實平均年齡都已經六十五歲，這一個行頭，實在不容易……」

說起來，蔭叔也是一個不愛說話的男人。他長得很瘦很瘦，就像一條藤條那麼瘦。蔭叔最大的樂趣就是飲酒食煙，尤其是飲酒。每天吃飯時，他總要倒一小杯酒配飯吃才覺得滿足。

那時候的人們多喝甚麼酒呢？通常都是烈的白酒像孖蒸。現在的人覺得白酒較啤酒矜貴，當時的人們是調轉，啤酒才是少有的矜貴飲品。每逢初二、十六尾禡時，就會買兩瓶大啤酒，放在雪櫃冰至透心涼，配著熱騰騰的餸菜吃。

「蔭叔，飲啤酒呀！」每次尾禡，笑荷都會特意倒一杯滿滿的冰凍啤酒給蔭叔。蔭叔這時，總是笑得合不攏嘴。

這四個麥文記背後的男人，惜字如金，說話不多，但他們的行動卻有著驚人的力量。他們用自己的方式，默默地維持著麥文記的運作，也維持著那個年代的家庭和社會。胡寶的敦厚親和、麥蔭的細膩專注、劉海的固執堅守、教表哥的全能奉獻，這四種性格彷彿拼圖的不同部分，拼湊出一家老店的靈魂，也拼湊起了那個時代的縮影。相比起今天這個講求個人化、分工明確的社會，「以店為家」的情況幾乎不再出現。

這四個男人的故事，某種程度上已成為歷史的一部分，但他們的精神卻並未完全消失；無論時代如何變遷，始終相信真誠可以無聲地撐起整個時代。

1.5 奉獻一生——忠誠勤勞的媽姐

⊕ 鄭笑聯

1918年，鄭笑聯在廣東順德區出生，在家中排行第三。

上世紀四、五十年代的廣東、香港和澳門一帶，一些「順德女」——年輕女子會決定自梳「梳起唔嫁」❶打住家工，即以家庭幫傭工作為終生職業，並會數個自梳女湊錢購買「姑婆屋」以便年老退休時一同居住，互相照顧。這些自梳女被稱為「媽姐」。

1940年代末，接近三十歲的笑聯家中有母親和眾多兄弟姊妹，父親則早逝。帶著照顧家人的決心，笑聯也選擇如同其他順德女一般的道路，自梳成為一個媽

❶ 終身不嫁的意思。

姐到香港做幫傭掙錢供養家庭。

麥氏是笑聯的第二份家庭幫傭工作，她的第一份住家工在香港的中半山區的英國官員家庭。香港島半山區一直是香港的高尚住宅區，在英國殖民早期，中半山區更是外籍富戶居住地，華人不可在此區居住。究竟從來未當過家傭，不諳英語的笑聯是如何在此環境下工作呢？答案是，媽姐工作可以不用說話的。以前在外國人家庭工作的媽姐們基本上都不用以說話和主人溝通，英官太太會以身體語言吩咐她

⊕ 右二：媽姐、中間笑容燦爛者：麥孔笑荷、左邊的手抱嬰兒為心睿

們要辦的家務雜事。笑聯記憶中，雖然言語不通，但英官太太對她態度親切，很有耐性地比手劃腳解釋至她明白為止。

當時曾在英官家庭工作的這班媽姐們都獲得一個絕技，就是每位都成為熨衫高手。因為阿 Sir（英國官員）每天都要穿得西裝筆挺，從袖衫的衣領、衫袖、前後幅、鈕位、袖骨到西褲褲底褲面、褲骨要直不可斷或有雙骨，全部都要整潔貼服，一絲不苟，否則有失官員身份形象。這個絕技或是職業病，笑聯也帶到了麥氏家庭。笑聯喜歡把她照顧的孩子麥心睿的衣服熨燙得如西裝級別，自幼稚園起心睿的手巾仔、小內褲都是熨摺得整整齊齊，甚至到中學時期心睿的牛仔褲，笑聯也少理七十年代的流行時尚要皺皺爛爛的頹廢風格，一於牛仔褲當西褲熨，一樣兩邊褲管平服起骨，以致心睿穿著牛仔褲去和同學逛街玩樂時，同學們忍俊不禁：「為甚麼你條牛仔褲這麼古怪，起骨的？」布上的皺紋，都被笑聯細心的每條燙平了。

笑聯在英官家庭工作的時間很短，不出數年，她服務的官員們便紛紛調回英國。1950 年代初，笑聯找到了她的第二份工作，三十歲出頭的笑聯在麥氏打住家工，一做就是一輩子。

笑聯這位媽姐，對於心睿而言是一個絕對重要的人物。1970 年代，笑聯見證心睿這位未來麥文記麵家繼承人的誕生，同時見證香港經濟起飛。雖然麥文記麵家自 1958 年已搬進地舖十多年，但生意和店內夥計仍處於拼搏時期。心睿的媽媽麥孔笑荷在女兒出生後，還要投放許多時間在店舖，每天早出晚歸。照顧心睿的責任，主要落在笑聯身上。

心睿小時候每天見到笑聯的時間，遠遠多於見到媽媽。以致心睿大約一歲時，只跟著笑聯而不認自己母親。在那

⊕ 媽姐以及小時候的心睿

個還容許體罰孩子的年代，笑荷真的會因此而打心睿。

「你是我的女兒，為何不跟我，不認我？」

當然笑荷打過心睿後消了氣，也就沒事了，事實上小寶寶喜歡黏著天天照顧自己的人，也是天性本然，無可厚非。

心睿與笑聯的關係超越主僕，笑聯如同心睿的契媽。心睿不喊笑聯做「聯姐」，她喊笑聯做「阿姐」。笑聯也不喊心睿做「麥小姐」，她喊心睿做「阿魚」（心睿的乳名）。心睿與笑聯的感情，由她一出生就已開始，但事實上笑聯與麥氏的關係早在她出生前已經開展了二十多年。

笑聯看著心睿出世，陪著心睿長大，一手湊❷大心睿。心睿每日上課下課，笑荷不在家時，笑聯和心睿都在一起。到後來麥文記麵家生意漸趨穩定，笑荷終

❷ 湊：廣東話照顧的意思。

於有到外地旅行放鬆的時間，陪著心睿在家的，都是笑聯。

心睿小時候，麥氏一家就住在麥文記麵家的對面，工作和居住的地方十分接近。那時到了吃飯時，笑聯如果沒在家煮飯，就會拖著年幼的心睿到麥文記吃麪。有時再懶一點，不是笑聯懶，而是心睿懶得離開家中，就會叫笑聯：「阿姐，你落樓煮麪帶回來給我吃啊，我在家看電視等你。」那個年代的香港，不會說甚麼獨留兒童在家。心睿就這樣聚精會神地盯著電視看，到笑聯煮好麪回來，姿勢可完全一樣。那是小孩子最天真的時光。那些童年最細微的相處時刻，全都刻進了心睿的記憶。

說起媽姐，總想起她們那鮮明的形象，白上衣，黑長褲，烏黑的長髮全向後梳成單一條長鬔辮。是的，笑聯也似足這個媽姐固定形象。只是她在四十幾五十歲時就把長鬔辮給剪了，束一頭短髮。每天早上起床，笑聯就會拿起一把黑色木製的扁梳，沾一些雙妹嘜牌的髮油，一下一下地往頭腦勺後梳，直至每條髮絲都平平順順。不同於媽姐傳統的白衫上衣，笑聯一直都愛穿深色的衣服，因為怕做家務時弄髒。每次訂造衣服，她總是選黑色或是深藍色。

心睿認識笑聯時，笑聯已經五十多歲，打扮樸素，從來不施脂粉。那時候會聘請媽姐的人家，都要求媽姐的外形和體格條件要五官端正、四肢健全、身體要健健康康，無病痛。雖然不會形容上了年紀的笑聯為一個美女，但心睿記憶中的笑聯有種獨特氣質。

媽姐和現今在香港的外籍女傭雖然同是住家的家庭幫傭，待遇卻有不同。媽姐沒假期，沒勞工保險，沒正式工作時間，基本上心睿起床笑聯便起床，心睿睡覺笑聯便跟著睡覺。不過笑荷下班後去和朋友打麻雀至半夜三更回家，從不會要笑聯等候她回家煮宵夜方可進睡，那時候有請媽姐的太太們都會這樣使喚媽姐。

1985年、1986年左右，心睿正在讀中學時，有次親眼看到笑荷出糧給笑聯，才知道笑聯一個月到底掙多少錢。那時的紙幣面積足足有半張A4紙般大，比起現在的紙幣要大得多。心睿記得笑荷給了三張紙幣笑聯，若莫二千五百元到三千元左右。按八十年代的薪酬標準來計算，這個工資其實算是低的。如果一個成人到職場打工，一個月平均也可賺到四、五千元。

不過，媽姐們很易滿足，也十分有存錢能力。事關媽姐的衣食住行均由主人所支付，除卻有時搭一搭車或買點小東西，所賺的每一毫子都可儲起，笑聯每月掙二千五百元，可能就儲蓄了二千四百元。這也是為甚麼媽姐們很容易便可數個媽姐姊妹儲夠錢，在香港買一間姑婆屋，一起退休後居住。有一些媽姐年老後，會選擇「返歸」到順德。小時候的夏天，心睿有時隨笑荷和笑聯一起回順德探親，曾在偌大的鄉村會遇到一個老婆婆，下午六點多就坐在家門優哉游哉地撥著大葵扇乘涼。笑聯會帶著心睿和這老婆婆打招呼，笑聯和她是認識的。

「阿婆，你返來啦？在這住？」

「對呀，我『返歸』了。」

「返歸」意思是媽姐們退休後回到順德鄉下。那年代如果沒有夾份買姑婆屋防老的，也有不少媽姐會選擇在老年回鄉，而笑聯是屬於有買姑婆屋的那一群。

心睿的媽媽笑荷對待女兒嚴格，笑聯也一樣不會驕縱她，但有時候小小的心睿會調轉頭教育笑聯。笑聯有一個特色，就是說話聲大洪亮。心睿自少聽慣笑聯的大嗓門，也明白許多時笑聯大聲說話只是習慣，不是在罵她，本習以為常，後來上小學後，學會在公眾場合收細聲線，保持斯文有禮。回家後，這位小學一年生便在笑聯又聲大大講話後回嘴：「阿姐，你說話不可以這麼大聲，你這樣在外面別人會怕了你！」笑聯雖然嘴上沒回應心睿，卻漸漸地，在某些場合學懂控制自己的聲線。

媽姐們很多都沒讀過書，一個字也不會看，但是笑聯懂得寫自己名字。不知是曾經有人教過她，還是她自學得來，有次在家中，讀小學的心睿看到笑聯在練寫自己的名字「鄭笑联」，便教她「聯字錯了，不是這樣寫的。」那時心睿還未懂寫許多字，也不知道中文字有繁體和簡體版本之分。笑聯說：「我其實知道聯字有許多筆劃，但我寫不來，我叫人教我簡單的版本。」後來心睿學會了寫「聯」字的繁體字，便教笑聯寫，但笑聯還是學不懂。

「不要緊，你本身寫的這個版本，也是你真正的名字。」

在笑聯所認識的中文字裡，就只有這三個字，她的名字。

當然，笑聯也略略認得一、二、三那些中國字或阿拉伯數目字。以前，笑聯有時要自己搭三號巴士來回家中至心睿的學校，她會認得巴士車頭會有五個中文字「佐敦道碼頭」，她是認著中文字的數量去估計，而非真的懂得這五個字，這些都是笑聯自學的。

笑聯也懂得看花碼，這是一種另類的數目字寫法，沿於南宋時期的蘇州，在今天一些舊式茶餐廳的膠質紅底白字價目牌中，有時還可見到花碼。笑聯要學習閱讀花碼，才不會在街市買餸時看不懂銀碼被騙。

笑聯沒有接受甚麼教育，但她也是管教心睿的家長之一。笑聯會教心睿做人的道理，她總是說做人起碼不要自私，要慷慨，要樂於助人，但也要記住無功不受祿。有一次心睿讀小學時，同學送了一支原子筆給她，她歡天喜地地拿給笑聯看，但笑聯堅持要她第二天拿去還給人家。

不要隨便收人家的禮物，除非你之前幫助過別人，而且接受別人的幫助也要有原因。笑聯不是教心睿成為一個冷漠的人，而是要她自小謹記接受和施予都要有自己的原則。

笑聯對心睿也是獎罰分明。自小學三年級開始，笑聯答應了心睿，只要她考試成績好，就會獎勵她一只手錶。記得心睿第一次收到的手錶，是一隻價值五十元的米奇老鼠款式手錶，那支時針就是米奇老鼠的手掌，會隨著時間而動，是一款在當時很貴的時髦玩意。笑聯後來買得越來越貴，她總共買過三隻 CASIO 牌的電子錶給心睿。小學五年級時，心睿得到了當時價值一百六十九元的 CASIO 音樂錶，那是 CASIO 一隻經典出名的錶款，音樂錶裡有十二首音樂，那時戴著音樂錶回到學校，每個同學都流露艷羨的目光，讓心睿好不威風。第二隻笑聯送的是計數機錶，第三隻是可以打遊戲的電玩錶。之後就沒有第四隻錶了，因為笑聯覺得心睿的學業成績未達到收禮物的標準，不可胡亂縱壞小朋友。

笑聯也鮮有幫心睿向媽媽隱瞞事情，有碗話碗，有碟話碟，除了有一次是小學的心睿親自開口拜託。因為笑聯總是那位出現去接心睿上下課的大人，有次校車姨姨向笑聯投訴心睿頑劣。由於媽媽笑荷當心睿如大人般對待，心睿很害怕會被媽媽發現自己還是像小孩的一面，央求笑聯守秘密，不要告訴笑荷，答應笑聯以後也不會再犯這個錯，讓人投訴。

「說了出口，就要守信用。」笑聯答應了。

直到長大後心睿出來工作的早期，心睿掙得不多，笑聯還會主動給錢心睿花。心睿跟笑聯說這些錢是當我向你借的，出了糧我就會還給你。笑聯借心睿五百元，心睿也果真在出糧後還五百元給笑聯，大家守信用。

笑聯對待笑荷，也會駁嘴，也會吵架。在心睿小時候，她會覺得笑聯不是一個外人，因為只有家人之間才會互相吵罵，如果當笑荷是事頭就不敢和她頂嘴。心睿在那時覺得，笑聯一定是笑荷的一個姊妹。

笑聯不只服務麥氏的家務事，有時還會到麥文記幫忙。七、八十年代，香港飲食業蓬勃，員工根本不用擔心找不到工作，跳槽轉工是家常便飯，那時的洗碗工更是特別難請。有一段時間，笑聯便到麥文記頂了一段洗碗工的空缺，心睿也會跟著下來幫忙為洗好的碗碟過水，其實是玩水罷了。後來，如果店裡有哪個夥計扭計跳草裙舞❸，笑聯便會幫忙頂替崗位，洗碗、煮飯、切菜，通通她都做過。

❸ 廣東話，指員工以辭職為由或者暗示自己將跳槽到另一公司，令老闆主動提出加人工挽留。

媽姐沒有正式的假期，媽姐這班人其實也不會懂得打麻雀。難得偷閒一下時，也是飲餐茶，抽抽煙，後來她也戒了煙。媽姐們會互相探訪，她們特別喜歡到笑聯工作的家中小坐，因為大人們整天都外出，只有小孩子在家，氣氛比較自由。有時一個下午有幾個小時的時間休息，笑聯的媽姐朋友便會到來探訪，即使只有心睿在家，這些媽姐也十分懂禮，會拿幾把小椅子，躲在廚房裡聊天，笑聯從不會邀請她的媽姐朋友們坐在家中梳化。心睿少時有次覺得既然有客人來拜訪，便問媽姐姨姨們要不要倒杯茶給她們喝，她們會連忙說「不用、不用」。

笑聯最沉迷的娛樂可算是看電視，每天晚上八時半和九時半的兩套電視劇是必追的，只有看完才可安樂睡覺。但她沒有特別鍾情於任何一個明星，既記不住他們名字，也常常說錯。心睿教了她一次明星的名字，過了一天，笑聯又把詹秉熙叫作劉德華了。

心睿覺得笑聯是一個很奇怪的順德媽姐。為甚麼呢？因為笑聯是一個煮東西很難吃的媽姐。笑聯廿多歲就到香港打住家工，第一份工還是在洋人官家做事，官太太只會教她煎牛扒，根本不用煮中國菜，自然也沒有學習過。到了麥家後，兩個大人都是牛嚼牡丹，但求煮得快，吃飽就算了，不會注重味道。笑荷每天兩個吃飯鐘數，中午十二點午飯，下午六點正晚飯，笑聯放下一碗飯連餸菜給她，心睿還未坐下飯枱，笑荷便已吃完匆匆到樓下繼續看店。從來沒有人教笑聯，怎樣才是好吃的餸菜，直至笑荷退休後多留在家中，才開始教笑聯煲湯。

笑聯煮菜總是不試味，於是煮出來的菜有時太鹹，有時太淡，味道不平均。那些最簡單的家常菜，諸如炒黃芽白、蒸節瓜蝦米粉絲、番茄薯仔湯，心睿童年時見到都害怕，真的全部都煮得難吃。只有一樣食物出現在餐桌上，心睿一見到就會笑顏逐開，立即多添兩碗飯，但不是笑聯煮的，而是一道完全不用廚藝的大頭菜。大頭菜是一種順德人很愛吃的大白菜醃菜，鹹香爽口。那時笑聯會買大頭菜回來蒸熟，然後切粒讓心睿配飯吃。

笑聯不識字，自然不可能看食譜學煮餸，更遑論那時沒多少本食譜出版。那個年代如果想學煮菜，便要去街市的檔口詢問煮法。

「我想吃咖喱雞！」有次小學的心睿竟要求這道不是西餐，也不是中菜的印度菜，笑聯根本沒吃過，也不知道甚麼是咖喱雞。但因為心睿想吃，她便想辦法學，到街市去問人。原來咖喱雞裡的雞和薯仔，都要先炸後煮，那年代也沒甚麼預先調好的咖喱醬賣，笑聯一味味香料、汁料去買去試，煮出了一煲正宗的辛香印度咖喱雞，後來心睿再要求的港式咖喱豬皮蘿蔔魚蛋，也難不到她。心睿覺得那個味道比起後來她請的印尼外傭煮的咖喱還要好吃，可能不及的，是溫暖的回憶。

心睿不知道笑聯那天生日，但她知道一年中總有一天，笑聯會帶上她和幾個媽姐姊妹到餐廳食飯。記得有幾年心睿長大一點，媽姐姊妹們會為笑聯到酒樓擺生日酒，擺兩圍，打一個小金牌給笑聯戴。

十歲的心睿問：「阿姐，你今天生日嗎？」笑聯笑笑口，不回答。

到了翌年差不多日子，心睿又問：「阿姐，你好像快要過生日了，甚麼時候跟你去吃飯？」笑聯不說自己那天生日，但又會告訴心睿那天去吃飯。那時心睿會自製一些生日卡給她，一張正方形紙摺成四格，每格畫上幾個公仔，再把正方形的四個角向中心摺變成菱形，每一格都像一扇小窗可以打開。這種自製生日卡，連笑荷也沒有。

笑聯每年也記得心睿的生日。她不會弄生日蛋糕、紅雞蛋或送生日禮物，不過她每年都會封五百元的生日利是給心睿。五百元，對一個每個月只掙二千五百元的媽姐而言，是一個很大的數目。

到了心睿出社會工作時，也會在笑聯生日的日子請她吃飯。到笑聯臨退休的前幾年，心睿就買了一件利工民秋蟬牌羊毛內衣送給她。那是笑荷提醒心睿去買的，那時她初出茅廬，工資不高，一件利工民秋蟬牌羊毛內衣也要價八九百元，是很昂貴的高級衣物。笑聯十分喜歡，因為她知道這個牌子常常在電視廣告中見到，一定是好東西。笑聯穿了幾十年，即使要這裡補洞，那裡補洞，她還是繼續穿，舊時的羊毛內衣質料特別好，特別暖。心睿記得，小時候為她買衣服的是笑聯。除了真的要在特別場合，如過年穿的漂亮衣服是由笑荷買之外，平日的內衣、便服，都是笑聯包辦。

心睿小時候和笑聯在家時，她們不會聊私事，但是經常坐在一起看電視。一個母親會管的，笑聯也會管心睿，讀書考試不合格，笑聯會打心睿；心睿青春期時，也照樣像對媽媽反叛一樣和笑聯爭吵發脾氣，因為她們就是家人。

心睿九歲時的某天，笑荷打電話給她說：「阿姐今晚不回來睡啦，阿婆死了她要回去。」阿婆是笑聯的母親，阿婆過身時也八十多歲，心睿也曾在跟笑聯回家時見過阿婆。雖然九歲的心睿聽過死這個字，但完全不明白究竟甚麼叫做死，聽到電話的一刻她十分震驚。那時的心睿以為笑聯只是今晚不回來睡，但是一晚又一晚，很多晚都沒有回來睡時，心睿開始察覺到，死是一件大事。笑荷只解釋笑聯還未辦完事，雖然心睿沒有哭，但她一有機會便問母親：「阿姐甚麼時候回來？」

從心睿一出生，笑聯便和她一起睡。心睿幼時沒自己房間，用一張小床睡在客廳，笑聯在旁邊架一張帆布床，那時心睿便要把小床靠著帆布床睡。後來長大了不睡小床，笑荷買了一張大床讓心睿和笑聯一起睡在笑荷的主人房。到了心睿中一時搬到德成街的新家後，新家有三間房，一間心睿和笑荷的房間，一間笑聯的房間，一間心睿堂大哥的房間。笑聯終於有自己的房間，但她只有一張窄小兩呎半的床，心睿還是天天不在笑荷房間睡，中一的她硬是要去和笑聯擠著睡。直到一天，笑荷惡狠狠地罵心睿：「你日日迫到阿姐沒位置睡！」心睿才垂頭喪氣地不得不依從母親的吩咐回到自己的房間睡。笑聯不是沒有怨言的，有時早上起床也會向笑荷抱怨說：「唉，昨晚又被阿魚迫到沒睡好覺！」但笑聯從沒有叫心睿不要和她睡。

笑聯到差不多八十歲退休後，終於離開麥氏回到自己年輕時買下來的，在土瓜灣的姑婆屋和她的大家姐居住，心睿還是會經常去探望她倆，家中有甚麼家電家具缺的壞的，心睿都會二話不說幫她們安排好。心睿叫笑聯的大家姐作「大姨」。笑聯和大姨都是獨身的，原本打算兩人一起在姑婆屋互相扶持終老。可惜在大姨去世後，笑聯的腦退化變得越來越嚴重。

心睿擔心笑聯獨居終有一天會出意外，便以己力安排了笑聯到東華三院安老院居住。笑聯那時的狀況是一半清醒，一半不清醒。為笑聯打理入住安老院的手續時，心睿查看笑聯的銀行戶口時，驚覺銀行簿仔只餘幾百元，姑婆屋的屋契也換成了另一人的名字。心睿問笑聯：「你知道你的股票、定期去了哪嗎？」笑聯已經答不上了。

心睿覺得笑聯腦退化也有值得安慰的地方，就是她不知道許多事情了，這些事也不值得笑聯知道和記住，心睿會養她到最後一天。

有趣的是，笑聯沒忘記愛做家務的媽姐本能，每每在安老院也樂於主動幫忙做家務。有年中秋節安老院邀請家人一起到院舍吃飯過節，玩了一些小遊戲，結果笑聯拿了個摺圍裙冠軍！

「鄭笑聯你好好啊，今天又幫了我做家務。」安老院的姑娘總是在心睿面前稱讚她。

「對啊，你有事就讓我做，我幫你做，你叫我做就可以了。」只要做事，笑聯心裡便會踏實。

心睿如同小時候笑聯照顧她般，一直陪伴老年的笑聯到最後一程。笑聯的喪禮心睿也有出席，結束之後，她們的關係也正式終結。

不是每個媽姐都單純，但笑聯剛好是一個簡單善良的人。試想想笑聯十幾廿

歲開始打住家工，一直勤勤勉勉，誠誠懇懇地做到她退休的那一年。有好些媽姐不是這樣的，可能是中途遇到一個好人家，便去了結婚。笑聯似乎從來沒有考慮過這些機會，她一直忠於當年給她工作的麥氏。即使不是聘請了笑聯，笑荷一樣需要聘請其他保姆或幫傭去料看心睿，但究竟有沒有同樣的長期關係，心睿會否變成一個人球，這些皆不得而知。

十分確定的是，當天沒有笑聯照顧心睿，也沒有今天這家由笑荷全情投入，百分之二百地打理的麥文記麵家。

⊕ 心睿探訪居於安老院的笑聯

1.6 一絲不苟——煮一種香港味道的雲吞麵

⊕ 麥心睿

坐落於佐敦白加士街五十一號麥文記麵家的唐二樓，是麥文記的辦公室和員工休息室，從前曾是員工的宿舍。麥文記的第二代掌舵人麥心睿現在就身處於此，逗玩著四隻玳瑁色的虎紋唐貓。貓店長四兄弟妹，細佬頑皮，哥哥怯人，拖肥最重責任感，妹妹純如羔羊。

妹妹，四兄弟妹中最小的一位，是個天生的「治癒系」。她親人可愛，舉手投足間散發著一種「純如羔羊」的氣質。從來沒見過她發脾氣，無論是誰靠近，她總會用溫柔的「喵喵」聲向你問好，像是在說：「你好，今天過得好嗎？」她甚至被形容為「好有禮貌」的貓，會用一種令人心頭一暖的方式，讓人感受到她的善意。

細佬則有些頑皮，總是喜歡探索工場裡的角落，尤其是那些人類不太注意的地方。牠的調皮有時會讓人哭笑不得，但大家都知道，牠只是天性活潑，並無惡意。至於哥哥，則恰恰相反。牠是一隻性格內向的貓，對人有些怯生生的，只要你給牠足夠時間和空間，牠會慢慢靠近，用最小心翼翼的方式向你表達信任。

「請不要觸碰細佬，牠其實非常乖巧，只是過去曾經被壞人欺負過，因此有時會對人感到害怕。」

⊕ 貓店長細佬

做飲食業最忌店裡有老鼠昆蟲，上一輩的教誨說養貓是對付害蟲的最佳方法，儘管現代有著各種新式驅蟲科技產品，心睿還是更喜歡這種有靈性，且摸起來毛茸茸的天然方案，貓店長們也一直盡忠職守。

「讓大家看看，我們今年的年曆依然保留了四位貓店長的身影。」

麥文記麵家，是心睿自一出生至今最熟悉的地方，所有回憶都連結著這個起點。

小時候的心睿，知道麥文記是父母開的店，也是每天開飯的地方。那時候麥氏一家就住在麥文記對面大樓，笑荷自心睿嬰孩時期便僱用了媽姐笑聯照顧女兒的起居飲食，大部分時間心血都傾注在經營麥文記上，尤其是在民敬因病過世後，每天忙碌得天昏地暗。

⊕ 麥孔笑荷及年少時的麥心睿

不知道是否生活太艱辛令笑荷忘記心睿其實只是個幾歲的小孩，她總是以成人的姿態和心睿相處。

「不可以玩口水！」

「你已經會走路了，不準再扮 BB 在地上爬！」

「打電話不可以整古做怪，不可以玩聲音！給我好好講話。」

「是的，不知道為甚麼，我唱歌就是唱不到 head voice。老師說你試一下放鬆玩玩你的聲線就可以唱到。我說我不明白啊，聲音可以玩的嗎？後來老師說叫我想像一下我非常非常急著想上廁所的心情，然後用那種焦急去擠出 head voice，那一次我就做到了。」

心睿哈哈大笑地分享她閒時學唱歌的趣事。今天的她，已經五十多歲，但還是沒有忘記母親說不可以扮聲玩聲的訓話，童年時缺乏做小孩子的玩樂經驗，如

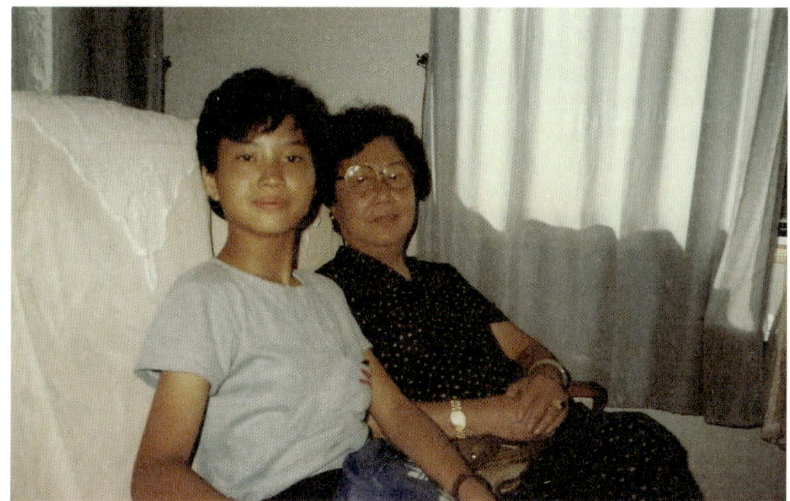

⊕ 上圖：麥孔笑荷及年少時的麥心睿
下圖：右二為少時的麥心睿，中間戴眼鏡為麥孔笑荷

今的心睿自律自重得如一個軍人。

然而心睿也不是從小就被當作繼承人般培養，笑荷一開始時甚至不希望心睿接班。

笑荷一直認為飲食業是一門粗重辛苦的行業，可以的話，自己的女兒最好不要像她般入行捱苦，她更希望女兒早日嫁人，日後即使她不在，心睿只是負責收錢就好，不用真的落手落腳管理做事。

在心睿唸中學三年級，大約十三、四歲時，笑荷已經會買股票給心睿。那時候，笑荷每天早上去喝早茶後，就會為心睿買早餐，順道也會買幾份報紙給她。即使有時笑荷沒有空，也會著聯姐記得買早餐和報紙給心睿，指定必要買《香港經濟日報》。

為甚麼一定要買《香港經濟日報》給心睿看呢？因為笑荷自小便開始教導心睿要以股票投資。

「你記不記得和黃❶？即是和記黃埔。現在沒有這隻股票了，那時候叫十三號仔。你知不知道我是多少錢買入和黃的，講出來你們也不會信，我就是在十三元價位時買入的，後來它升到一百多元，但是我在五十元時放了。當然那時只有中三，是我媽媽買這隻股票給我的。到我放這股票的時候，應該是讀完書了，中學畢業了，應該是三四年間時間就放。」心睿經常很自豪地和一些從事金融業的朋友們，談到自己中學生時就懂得炒股票。

笑荷總是教導心睿，投資股票不是一個賭博，而是去仔細觀察和預測一家公司的業績，你要知道這家公司的業務到底在做甚麼。笑荷對和黃這家公司很有信心，所以在女兒十多歲時就先買入送給她作投資，結果也證明了笑荷的眼光。

❶ 和記黃埔有限公司，簡稱和黃，前聯交所上市代碼為 0013。

到了九十年代初時，那時麥文記的主理人是心睿的表哥胡國樑。

「這一本書一定要多寫寫表哥，他對麥文記的貢獻良多，我自己是打從心底感激他所付出的一切一切。」

自1984年中英聯合聲明簽訂後，不少香港人對於香港前途感到不確定，牽起一股移民潮，那時候國樑一家也有萌生移民的念頭。笑荷心想可能遲早國樑也會離開麥文記，心睿剛畢業工作還未穩定，乾脆早一點讓心睿到麥文記跟隨表哥學習管理。

那時的心睿只有二十多歲，接到母親叫她到店裡學習管理的這個任務時，第一時間是心高氣傲起來——「我是麥文記的老闆了。」

心睿那時覺得這是一件很威風的事，畢竟剛離開讀書環境不久，試問有多少

⊕ 正在打理麥文記鋪頭的麥心睿

個廿字出頭的年輕人可以當上老闆，這令她覺得自己勝過同齡人，也自恃接受過高程度教育，看不慣表哥這「武」人的處事之道。

心睿覺得不用如表哥那般嚴厲地管束夥計，反而要友善地打成一片。為了和員工們趕緊混熟，心睿和他們一起玩啤牌，無視了民敬、笑荷、周伯伯不和員工過份玩樂的界線。

一開始，是在收工後和夥計們在工場小賭幾鋪。後來到了開工時間，員工們還和心睿賭「十三張」、

「鋤大Dee」。有一次，在開店前的預備時間，一位煮食的員工原本要上工場搬運包好的雲吞水餃落舖，看到心睿開賭局，抵抗不了誘惑坐下來玩，流連忘返一鋪接一鋪，不願意下店面工作。恰好表哥回來看店，看到這夥計坐在那裡只顧著賭錢把工作放一邊，開口便大罵起來，當然他沒有當著眾人面前斥責心睿，但心睿明白這些事情表哥一定會匯報給母親知道。

笑荷以麥文記經營為重，不可讓這還未成事的女兒影響員工士氣和公司生意，幾乎是把心睿從店裡「趕出去」。

「因為這一件事，我曾經有點生媽媽的氣。」

二十多歲的心睿，才當了沒幾個月的老闆便第一次嘗到「被炒」的滋味，還是被自己的母親，一下子從自己家族的店裡趕走。

心睿仍然記得她當時生氣的原因，她覺得，母親你不交麥文記給我，你要交給誰？而且，你不信我，你信表哥。表哥始終是有個「表」字，都算是一個外人，你早晚是要交給一個姓麥的人。

還有更氣憤的是甚麼呢？就是這次真正在店內做事，心睿感受到每一個人來到麥文記，包括街坊也好，供應商也好，每一個人都叫表哥胡國樑做老闆，每一個人都默認了老闆是胡先生。

心睿和當時做收銀員姓梁的表姐一起坐在櫃面時，有些食客在付錢時會問：「梁小姐，這位是你新同事嗎？」梁表姐當然不敢貿然胡說，她就回：「這是太子女呀。」但是知道了是太子女之後，那些人下一句就會問心睿：「哦，那你爸爸是胡先生還是周先生？」心睿會瞪著他們回道：「我是麥先生的女兒！」

九十年代時，老街坊們都知道，麥先生已經不在了，但也沒有人進店裡找麥太太，事關當時街上的人通常都會認為，麥文記已經是胡先生和周先生的了。心睿當時覺得憤怒難當，她覺得明明麥文記是我姓麥的，現在究竟是叫胡文記還是周文記？

「但這些都已經是往事了，現在回望還是覺得蠻搞笑的。」

是的，那時心睿就是有這麼幼稚的一面。現在回看廿歲的自己，她得了一個結論：「我當時根本還未有能力去接手麥文記。」

心睿知道，笑荷決定了就是決定了，即使她哭著叫笑荷多給一次機會，笑荷也不會答應，而心睿也不會去求這個機會。作為一個老闆，決定是一言既出，駟馬難追，怎能左搖右擺？笑荷為人說一不二，等如今天心睿去打理麥文記時，她決定了一些事後也不會輕易改變。

後來，表哥決定暫時擱置移民計劃，同時這次的接班人訓練以失敗告終。

笑荷的下一個決定是，不如就打本讓女兒做些她有興趣的生意吧。開頭的數個生意，心睿又重蹈年少氣盛的覆轍，加上又夥拍了一些不適合的同伴，都以失敗終結。

心睿在學習做生意的路上，一直跌跌碰碰，但沒有停止過嘗試。

心睿試過做寵物貓狗的生意。香港第一家送貨上門的電購狗糧店舖就是心睿在1992年開辦的。那時候還未有人在香港做這個服務，是心睿打開這個先河。當時心睿和拍檔們還到處飛去泰國、新加坡、台灣去談代理。以前狗隻乾糧的代理沒有那麼多牌子，只有一兩種海外牌子在香港銷售。但是這些海外品牌的香港經銷商做得不好就倒閉了，這些品牌就沒有了代理，心睿和拍檔就直接去和品牌接洽。

這門生意，心睿做到1994年，並不是生意做得不好，而是另外兩位拍檔是情侶，在討論公司發展時心睿永遠都是被排除在外，後來情侶中的女朋友更在1993

年去了參選香港小姐，丟下了生意，於是心睿就決定退出了。

這次退出後，心睿把心一橫決定暫時不碰生意了，做打工皇帝去！那時心睿找了一份銀行工作，是海外信託銀行（Overseas Trust Bank，OTB）。海外信託銀行是一間華資銀行，後來先是在 1993 年被道亨銀行買了，之後道亨銀行又在 2001 年被星展集團收購，從此就再沒有 OTB 這個名字。

「不過這份工作，實在是有點太悶人了……」

1994 年至 1997 年間，心睿在 OTB 工作了三年，做著做著，心睿發現自己難以全心投入於工作之中。雖然她打過銀行工，但是再做 OTB，心睿還是受不了那種無聊，於是辭職了。不過，做 OTB 期間，心睿認識了一幫很好的同事朋友，有數個朋友至今依然保持聯絡。

心睿的下一份工作，是在郵政局上班，從 1997 年至 2003 年足足做了七年。她本以為會一世打這份工，因為是公務員，還要是政府舊制，是「鐵飯碗」，六十歲就可退休吃長糧了。假如心睿繼續在郵政局做到今時今日，只要不犯什麼大錯，相信她還可以升上高職呢，說不定是局長。

當時心睿在 2003 年離開郵政局時，她的職位是中級公務員，底薪已經是一萬六千多元，而且每個月幾乎有一萬元的超時工作津貼。如果她不升職的話，中級公務員的薪酬頂點是二萬三千多元。她當時的郵政局同事，有些還在職，人工已經跳到四萬多了。

心睿記得當時大約是在 1997 年 1 月或 2 月左右，看到報紙上郵政局的招聘廣告，才去申請看看。那時的民政事務總署還稱為政務署，心睿到政務署取了一份申請公務員職位的 G.F.340 表格，填好後再等面試通知。

心睿印像十分深刻，在她面試郵政局這位工作時，有三個面試官，其中一位叫做區惠賢。在問得七七八八時，區惠賢冷不防問了一句：「你以前在銀行工作，是一份斯文工作。其實你對我們郵局有沒有認識？你知不知道如果你在郵局工作，有機會被調派到一些崗位，好像工廠那樣的，你要不要回去認真想一下？」

心睿聽罷，便回應道：「我可不可以真的回去認真想一下？」心睿以為她這樣答，郵政局便不會聘請她了，事關她聽完區惠賢的忠告後，也想打退堂鼓：「其實我也沒有想過一份政府工，會似工廠工作。」

面試過後，心睿也再沒等到郵政局消息。差不多半年過去，她才再次收到電話。

半年過後的時間，是 1997 年 6 月。那時郵政局給心睿的上班通知期只有三天，大概是 6 月 28 日要上班，前一個星期五才通知心睿，下個星期一上班。郵政局正急著要請人去應付 6 月 30 日及 7 月 1 日的 1997 香港回歸紀念郵票及首日封的銷售。

收到郵政局的上班通知，心睿還不很清楚自己是否真的選擇這份可能很似工廠的工作。

1997 年 6 月 28 日，那時 OTB 在上環蘇杭街的分行還在，心睿決定回去分行探探舊同事。那天早上，心睿先和 OTB 舊同事們一起吃早餐，她的前副經理看到她還很開心。OTB 削減了不少人手，心睿反正有時間，便替他們做一下義工，幫忙做些小手工貼貼郵票那樣。一直做到要去中環郵政總局報到上工的時間。

「毛小姐，我走了，我去上第二份工了。」前副經理姓毛。

「好好好，你快去。謝謝你，你真好，還幫我們手。」

然後心睿便從上環走上行人天橋，往中環方向走去。

當時她的心態很有趣，她暗自和自己約定，我現在走慢一點，走到郵政總局那裡，如果剛剛好夠鐘，我就上去報到。如果早了，我就不去報到；如果遲了，我也不去報到；如果迷路了，我也不去報到。

「世事就是難免有點神推鬼使。」

心睿到達郵政總局門口的時間一分鐘也沒有誤差，於是她便開始了這份工，然後便乘升降機上去報到。她在等候升降機時也遇到一位同樣第一天上班的同事叫作 Serene，Serene 更成為心睿至今的好友。

這批被郵政局聘請的新人，有六、七十人。新人訓練中心在尖東帝國中心，一行人在中環搭快船到尖東去上課。訓練中心在帝國中心的幾樓，心睿已經忘記了，但她記得一邊是郵政局的訓練中心，另一邊是人民入境事務處，那時有許多內地人從國內到香港去領身份證。在訓練中心的新人們，時常聽到對面在喊「某某，到你拿身份證。」

因為要6月30日和7月1日準時開售回歸紀念郵票，6月28至29日兩天就是訓練。後來郵政局的舊人們才告訴心睿你們這班人是請來做「死士」的：「你們真是慘了！以前如果要做這些銷售崗位，起碼要訓練兩至三個禮拜。現在只特訓兩天就立刻上馬，這種銷售高峰不是普通賣郵票，真的超慘……」

由1997年前英女王頭像的舊版郵票轉到回歸後的郵票，吸引了不少炒賣郵票的「郵棍」，他們會漏夜在郵政局排隊，凌晨已經睡在總局門外的天橋上。心睿記得6月30日她被安排在西灣河興民街的郵政局工作，7月1日則在中環總局。

嘩，總局1997年7月1日那個墟冚❷的場面，簡直就像現在香港動漫節開場，動漫迷奔跑到目標檔口搶購心頭好一般。到了總局那朝早的開門時間，郵差把閘門一開，那些郵票迷便立即擠滿了各個售買窗口，大致上都是老人家。一整天不斷賣郵票、賣首日封、收錢、找錢、搬更多的郵票和首日封……

❷ 廣東話，意思是場面非常擁擠熱鬧。

「我終於明白當日區惠賢為何說這份工作有點像工廠。」

對比做自己生意和做公務員，公務員的工作性質雖然沒何變化，勝在放工就是放工，不用像做老闆般睡覺時都想著如何維持營運。

在這段時間，笑荷逐漸從麥文記的工作退下來，她開始想知道心睿的生活圈子，她的朋友們是怎樣的。心睿有時會邀請她在OTB或郵局的同事和笑荷一起飲茶、打麻雀。笑荷看著心睿認認真真地打工，也聽到同事們對她工作的肯定，有種覺得女兒終於懂事了的安慰。

2002年時，國樑決定跟隨家人移民，準備從麥文記退休，笑荷再一次邀請日漸成熟的心睿接手。

心睿在郵政局的休息室收到笑荷的電話，那時還在用一大部黑色大哥大手機。

這一次反倒是心睿拒絕了，因為她覺得郵政局這份工作穩定之餘，上司同事和她也相當合得來：「覺得沒有甚麼轉跑道的動機和原因。」當時的局長叫陳志文，他待心睿十分好，可能又是另一次神推鬼使，心睿後來遇到一個刻薄的直屬上司。

2002 年尾到 2003 年時，笑荷身體轉差，頻頻出入醫院數次。其中有一次比較嚴重的，更需要留院，心睿唯有請假照顧母親。本來請了兩天事假，但笑荷仍然住院，心睿唯有再向直屬上司多請一天假。母親狀況未有好轉，心睿只好在醫院致電給其中一個直屬上司說不好意思，我還需要多請一天假，心睿萬萬沒有想過上司竟然會這樣回覆她。

「你在醫院也治不到她的病，陪她也是無補於事。你上班，你母親一樣在醫院；你陪著她，她一樣在醫院，你回來上班吧。」

那時一眾在郵局工作的同事聽到這位上司如此說話，不禁嘩然，實在太誇張了，怎樣說得出口，尤其是大家分明知道郵局此刻人手充裕，根本不缺心睿一人。這成為了心睿離開郵局的導火線。

翌日，心睿真的有回去上班。一回到郵局，她便逕自進去局長的房間辭職。

「陳大寫，我要辭職。」那時郵局同事稱呼局長，都會尊稱他們做「大寫」。心睿把昨天直屬上司的話隻字不漏的覆述了一次。陳大寫當然很會做人，他說：「你知道他這人不會說話，不過他這樣說真的很過份。」知道心睿去意已決，陳大寫唯有叫人事部立即安排。心睿記得當時人事部也是第一次處理有同事要即日離職的事宜，甚至不熟悉程序上應該怎樣做，費了好一大頓工夫，心睿放棄了穩定環境和退休長俸，離開了她心目中曾經的鐵飯碗。

2003 年再次回到麥文記，心睿內心謹記母親平日對她的種種叮嚀，要用人得宜，要與人為善，要獎罰分明。

坐在店裡，面前放著一碗雲吞麵，呷了口她從小到大品嘗過無數次的大地魚湯，心睿知道由現在起，這份味道背後的歷史和前人的堅持，都要由她帶領著夥計們一同承傳。直至2018年麥文記首次獲得「米芝蓮車胎人美食必比登推介」，心睿也不敢驕傲鬆懈，時刻記住自己的責任：「這個肯定起碼證明這些年來的經營，我沒有做錯甚麼。」

然後心睿很自然地說起大眾點評：「我覺得相對下，大眾點評比較透明，而且是一個全民確認，這

⊕ 麥心睿前往由母親麥孔笑荷所捐贈的安老中心：麥民敬麥孔笑荷樓

個對我而言也是比較特別的。」

大眾點評的必吃榜與「米芝蓮車胎人美食必比登推介」獎項的評審標準不同，它以用戶的真實評價為核心，通過公平公正的方式，綜合評選出既美味又親民的餐廳。這份透明和真實，是它特別的地方，也讓每一間榜單上的餐廳都實至名歸，因為這是食客們的選擇，而不僅僅是專家的決定。

「大眾點評必吃榜的評審準則，讓我印象深刻，也是我格外珍視這個獎項的原因」心睿看了看當天的照片，停頓了一下再道：「這份肯定證明了我們走在對的方向上，但我仍不敢驕傲鬆懈，因為味道的傳承和品質的堅守，才是我們的根本。」

隨著麥文記的生意客似雲來，家庭中少不免出現一些想分一杯羹的人，出來認自己是麥文記老闆，笑荷雖然為人慷慨，總教心睿不需理會流言，造謠者最終都會不攻自破。

「你猜別人信他還是信我？」

在1960年代中期，笑荷曾出資予民敬的四弟麥銳章及他太太開了一家麥章記麪店，希望好賭成性的二人能藉此生意收心養性。可能二人賭性難移，不足兩年便把整間店輸清輸光，自顧不暇更無力養育自己的六個兒女。笑荷不忍孩子們無人照顧，也為他們提供衣食住宿，供書教學，甚至供部分人出國留學。然而，這六個子女視這一切善意是理所當然，長大成人後皆不知感恩，忘了當天若不是得笑荷的養育之恩，很可能淪落至街童一途，只當笑荷是搖錢樹，日後則當心睿是搖錢樹。當笑荷及心睿不分予錢財時，這家人就對外散布不當流言。

面對著家族裡的恩恩怨怨，笑荷總是一派悠然，不屑一顧。

笑荷在心睿接手麥文記兩個月後離開人世。心睿至今依然無法理解，為何母親生前對這些親戚們百般照顧，這些受了恩惠的人在她去世後的第二天便來到店裡要分財產云云，怎樣的人才做得出這種一次又一次的苛索？心睿內心嗤之以鼻，唯有盡力理清所有轇轕再無牽連。

家人的意思，究竟是甚麼呢？

麥文記不乏那些做了大半輩子的資深員工們。笑荷訂立的福食制度，至今心睿依然謹遵。逢年過節，心睿必定安排加餸，公司上下三十人，有時還邀請員工的家人一起聚餐，鮑魚、大蝦、花膠不缺。

2023年9月7至8日，香港下了一場破紀錄的暴雨，整個城市多處水浸，交通陷於癱瘓。而麥文記的大部分店員，尤其住得較近店的，竟在黑色暴雨警告一除下的一小時內，都自發回到店內報到工作。心睿也立即趕回店內，拿著一包包入好了錢的紅色利是封，逐封逐封親手送給頂著風雨趕回來上班的夥計們。

家人有兩種，一種是先天血緣上，一種是後天自己選擇的。

麥文記的上上下下是心睿的家人，有笑荷、民敬、表哥、周伯伯、一代又一代的夥計們，還有四隻貓店長。

02 第二章

食物篇

麥文記
麵家
麥文記麵家

2.1 地緣：官涌

在五十到六十年代，寶靈街是個熱鬧的地方，甚麼都有賣——從食材到玩具、文具、衣服、糧油雜貨，應有盡有。而隔壁的閩街，早在三十年代初就有幾座傳統的濕街市建築。這些建築和今天的排檔不同，並不是單一建築，而是幾個矮房子組成的群體。

這些建築有兩層，雖然二樓其實只比地面高了十幾個台階。地下層主要賣魚，左邊賣淡水魚，右邊賣鹹水魚；二樓專賣肉。雖然這個街市名氣不大，但在附近住過的人都會記得。當時肉類批發還沒發展起來，街市裡的肉販（被稱為「肉枱」）因為講求信譽，贏得附近餐館的信任，生意很好。餐館經常會來這裡補貨，員工得親自到肉檔買肉。

2.2 雲吞麵風味

首創全蝦雲吞

上湯雲吞麵

麥文記麵家在香港已經七十年了。當坊間不少店家標榜自己「傳統」和「正宗」時，麥文記反而強調的是「風味」。

風味的形成，可算是包含了地方民間生活和風俗習慣，而在香港可站得住腳的店家總會有自己的一番風味，風味未必代表正宗，但沒風味便失了個性。食物亦一樣。

以麥文記首創的鮮蝦雲吞作例，其誕生與店家老闆住在官涌街市附近有著密切關係。

官涌街市近海，擁有豐富海產資源。麥文記第一代老闆麥老太，過去在每天清晨，都會親自前往市場，精心挑選新鮮海蝦，確保鮮嫩肥美，但其實那年頭，本港海域所捕的海鮮，質素上佳，足可證明香港是一片福地。

這些鮮味十足的食材成為麥文記首創鮮蝦雲吞的核心。與一般雲吞中常見的豬肉餡不同，麥文記的雲吞以新鮮的海蝦為主，海蝦的鮮甜和爽口嫩滑為雲吞帶來獨特風味，這不僅提升了雲吞的品質，也賦予了它獨特的風味特徵。

在物資貧乏的六七十年代，肉類少有。一般家庭一星期也未必能吃上幾餐肉食，更別說鮮蝦了。麥老太深知，當時來香港討生活的人，大部分都是「辛苦搵來志在食」。麥老太常常以兩個字來形容其鮮蝦雲吞——矜貴。麥老太認為，以合宜的價錢提供好食材並不足夠，她認為在那年代，麥文記的雲吞不僅是滿足顧客的口腹之欲，更是讓他們內心得到一種滿足和慰藉。

創新的是味道，回應的是一整個年代的需求。

細蓉

「細蓉」之名，坊間有幾個不同說法，其一說它像金魚的芙蓉尾巴，但對我們來說，細蓉有另一種理解。麥文記的電腦下單系統至今仍會有一個選

項叫作：「用」，「用」即是雲吞麪，在幾十年前，舖頭夥計已經會在下單紙寫上「用」。

在上世紀六十年代，因為中國國內的國共內戰，許多人選擇來港謀生，同時面對困難與飢餓。那年代生活和溫飽都不易，食物更是珍貴。麥文記老闆小時候也不太明白這個「用」字的意思，後來問過一些長輩，他們回答說，在這些艱辛的年代，「用」其實解作「食用」。辛苦謀生，「辛苦搵來志在食」，人們對於一種珍貴的食物，會將其視為「食用」，進而衍生出「細蓉」這代名詞。

麥老太曾對年輕的心睿表達過她的想法：「我當時考慮到我們未必會有很多錢去支援不同的人，但如果我們能夠做食物，至少可幫助那些有困難的人，讓他們不至於餓死，逃避國內的困境。所以，我選擇

做雲吞麵，而不是其他生意。」在那個年代，食物不僅是生存的必須品，更是幫助他人的一種方式。

地緣製麪

可能你會問，如果想讓大家吃飽，為何選擇做麪，而不是飯？這問題巧妙地引出當時住宿實況——做同樣份量的飯，需要的位置遠比做麪多。在那個年代，麥家住在廟街的一些板間房中，僅有約六十尺的空間。雖然空間狹小，但這並沒有限制他們的生命力與創造力。每個清晨，麥老太都在濕貨市場忙碌，精心挑選新鮮的食材，而老闆麥民敬則在狹小的板間房中「昇麪」。

打麪師傅會騎在竹竿的一端「踬昇」，通過彈跳的方式反覆壓打，這一工序稱為坐昇、跳昇和連昇，能使麵糰更加緊密且有筋度，而「坐昇」是因竹竿當中，「竿」的粵音同「乾」一樣，有乾枯的意思，因此改稱為竹昇。在這六十尺的空間內，老闆麥民敬能將低筋麵粉、鴨蛋和食用鹼水等主要材料混合，進行搓粉和製麵的工序，形成一個又一個光滑的麵糰。這將造麵與居住空間結合成非常實用的空間。

從剝蝦到玻璃蝦

七十年代，隨著麥文記生意日益興隆，麥老太每天親手剝蝦，單日處理數萬隻蝦的工作逐漸成為了沉重的負擔。為了減輕工作量，她決定嘗試變革，將鮮蝦改為急凍蝦，以解決剝蝦耗時的問題。

香港的鮮蝦供應經歷了幾個階段。早年，質優的原隻鮮蝦隨處可見，但到了七、八十年代，隨著食店和工場逐漸改用碎蝦，雲吞的味道也隨之改變，傳統鮮蝦雲吞的風味幾乎難以再現。

儘管食客逐漸接受了這種變化，麥文記的第二代接班人麥心睿仍希望找回兒時記憶中的雲吞味道。嘗試了多種蝦類，包括草蝦、白蝦、基圍蝦、赤米蝦等，每款都先進三十箱，經過調味後包入雲吞進行試驗。碎蝦和蝦仁都未能滿足期望，直至使用原隻蝦才滿意。

然而，這還不夠，蝦的大小和配料的比例都需要多次調整。經過不斷嘗試，最終找回了接近六十年代的雲吞味道，也就是今天的「玻璃蝦」雲吞。

這個過程雖然耗費了不少時間和資源，包括高昂

的水費和與外國蝦場建立長期合作來確保穩定供應，但對麥文記來說，這不僅是技藝的延續，也是對顧客記憶的尊重，讓食客有機會再次品嘗昔日的香港風味。

麪的工藝：細緻平衡

一般人以為麪越新鮮，味道越好，但對於廣東全蛋麪來說，「新鮮」有不同的定義。全蛋麪含有食用鹼水，因此又叫鹼水麪。如果直接煮新鮮的鹼水麪，會有一股苦澀味，甚至帶有類似洗衣粉的氣味。

製作好的鹼水麪，關鍵在於控制鹼水的含量。麪廠製麪後，通常需要讓麪條揮發掉約六成的鹼水，再交給食店。然而，麥文記的鹼水麪有兩個秘密。首先，我們的鹼水配方獨特，與其他店家不同。

其次，我們擁有足夠的空間和人手，能根據天氣、溫度和濕度來「揚散」麵條，讓麵條鬆開，並用幾天時間揮發剩餘的鹼水，達到我們認為最理想的程度，才供應給食客。

這種精細的工序在香港只有極少數麵家能做到的，特別是在一些月份，隨著溫度和濕度的劇烈變化，處理麵條變得更加困難，因此不論在春夏秋冬，細緻地調整揮發時間和存放條件都是技藝的一部分。

原材料淺談1：鹹「籠」

麥文記製麵會用湖北鴨蛋，因其水分和鹹味的搭配恰到好處，是製作全蛋麵的理想材料。然而，幾十年前的香港，原隻鴨蛋極為稀有，因為多數鴨蛋都用來製作月餅，價格高昂。當時，麥文記無法完全依賴湖北鴨蛋，只能用鹹「籠」——即鹹蛋白，來替代。

回到1960年代的香港，中秋佳節時，一家十幾人圍著一個單蛋黃的白蓮蓉月餅，大家都在想著如何分到更多的蛋黃。蛋黃如此珍貴，而剩下的鹹蛋白便有了新的用途，於是鹹「籠」應運而生，成為製麵的替代材料。

原材料淺談2：製麵師傅與麵條的「默契」

麵粉是製作全蛋麵的另一個關鍵材料，而香港作為國際轉口港，讓香港店家可以購買來自不同國家的頂級低筋麵粉。為了確保麵條的質素，即使麵粉價格上漲，麥文記依然堅持使用同一品牌。然而，有一年，加拿大小麥失收，導致低筋麵粉供應不足，麥文記不得不轉用其他品牌，這給製麵帶來了意想不到的困難。

原來，鴨蛋和鹼水與麵粉之間的化學反應會因麵粉種類不同而發生變化，特別是在全蛋竹昇麵的「走鹼」過程中。這個過程需要讓鹼水充分揮發，以減少苦澀味，並保持麵條彈性。不同品牌的麵粉成份不同，會影響麵糰的韌性和鹼水的吸收，進而改變麵條的質感。

製麵時還需根據天氣調整鹼水的用量。冬天鹼水揮發較慢，需要減少用量，但若過少，麵條會失去彈性，甚至變壞。由於「走鹼」這一關鍵步驟無法被機器取代，完全依賴人手掌握，換一種麵粉並非簡單的替代，而是重新建立與麵條的「默契」，這些細節的把控，使製麵變得格外複雜。

雲吞麵的份量

雲吞麵本來並不是填飽肚子的正餐，而是供給一些高雅人士作為早餐或宵夜之用。當時的雲吞麵稱為「細蓉」，份量小巧，只有四粒雲吞和二両麵，這樣的份量設計源於當年名伶會讓工人（稱作「妹仔」）用漱口盅買回來當作輕食。

這讓雲吞麵在初期，有兩個特點：份量不大，也不是為了吃飽而設計的。

隨著香港經濟起飛，工人和碼頭苦力的對吃的需求增加，「大蓉」應運而生，這是一種份量更足的雲吞麵，麵的分量增加至二両半，雲吞也有六粒，專為體力勞動者提供更飽腹的選擇。但隨著時代變遷，現今社會的「大蓉」反而更傾向是一種行銷的手法。

2.3

水餃

鮮蝦水餃
上湯水餃麵

麥老太不拘泥於「正宗」，而是從客人的角度出發設計水餃。餡料如冬筍、香信、豬肉、蝦等，都切成小塊而非切絲，讓客人能清楚看到每種食材，並輕鬆挑出自己不喜歡的部分，這樣的設計既貼心又實在。

在當時經濟不景氣的年代，肉類十分稀缺，能吃到這樣的水餃顯得尤為珍貴。切絲容易偷工減料，但切粒則無法如此，這確保了每粒水餃的品質。這種「啖啖肉」的設計一直延續至今，成為麥文記水餃的特色。

水餃與雲吞的排列智慧

水餃與雲吞排列方式大有不同，內藏著一份智

慧。水餃整齊地一行行排列，方便師傅將它們推進滾湯鑊內煮；而雲吞則堆成山丘狀排列，因為內有鮮蝦，必須留出透氣空間，避免出水穿底。

煮製時也各有講究。雲吞料少，師傅可以逐隻撈起放入鍋中烹煮；而水餃餡料豐富，若逐隻放入容易破損。因此，師傅會將整排水餃一起撥入鍋中，這樣既能避免水餃破裂，又能提高效率。

水餃要「鮮」

「鮮」對水餃而言可說是一切的精髓，這「鮮」不僅體現在食材上，更在於它們即包即賣的製作方式。水餃餡料選用新鮮的豬肉、蝦仁、冬筍等食材，確保每一口都能嘗到原汁原味。而這種「鮮」

的關鍵在於，水餃從製作到上桌的時間極短，食客能品嘗到剛剛包好的水餃，很大程度保留了食材的鮮美。

無論季節如何變化，製作工序大致相同，但在潮濕天氣下，豬肉容易變質，因此不能一次做太多，水餃必須分批製作，早上包三盤，賣完再包，確保不隔夜，保持新鮮。

與雲吞不同，水餃毋須冷藏，因為包好後很快會售出。這種即包即賣的方式，不僅保證水餃鮮度，還要求製作過程中的時間管理與數量控制，確保每一粒水餃都能在最佳狀態下送到食客手中。

2.4

蝦子

蝦子撈麵

蠔油蝦子撈麵

蝦子和蟹子容易混淆，但麥文記只使用蝦子，沒有其他類似產品。第二代接班人麥心睿曾前往不同國家尋找味道細膩的蝦子，並最終與一個供應商達成共識，只有我們能夠獨家取得他們的貨源。此外，蝦子的運用非常靈活，細心的食客會發現，無論是在湯底還是雲吞中，都能找到它的蹤影。

上湯

2.5 湯頭靈魂：大地魚

雲吞麪的靈魂在於湯底，而其中最關鍵的材料，首選大地魚。

湯底配方並不神秘，但處理食材的手法卻極具講究。大地魚在入湯前，必須先用慢火烘燒，這一步驟能激發魚肉中的油脂，使其散發出獨特的香味。然而，烘燒過的大地魚若直接加入湯中，會導致苦澀。為了避免這一點，師傅必須仔細刮去魚表面的焦黑部分，保留香味而不帶苦味。

大地魚的變化也反映了香港的變遷。根據老一輩師傅的回憶，以前的大地魚肥而漲，與現今坊間扁平的大地魚有很大不同。隨著香港經濟起飛，過度消費使得海蝦和大地魚變得稀有，導致許多人常感嘆「味道不如從前」。而麥文記自有一套，以金華火腿能穩定地補充大地魚湯中的鮮味，盡可能還原昔日的風味。

基於大地魚老火湯需要日以繼夜長時間以文火慢煲，所以即使在高強度風球期間，師傅也會自發留守廚房，確保湯頭保持最佳狀態，態度與高度成正比。

解構蠔油加一蚊

坊間對「蠔油加一蚊」有兩種說法。第一種認為：「麥文記的蠔油特別好，所以要加一蚊。」這說法並非全錯，因為我們對蠔油的品質有一定要求，但這並不是唯一原因。第二種說法則指責我們「斂財欺客」。

真正的原因，是為了給客人多一個選擇。

在五十年代，高質素的蠔油製作工序繁複，屬於昂貴的產品。麥老太因而於搬入白加士街地舖後將蠔油加入選項，讓客人自行選擇是否需要。有別於一些店家將蠔油的成本直接計入菜價，無論客人是否需要，都要支付相應費用，我們的原則很簡單：你需要才加，不需要則不用付這額外費用，不強迫客人接受不必要的調味，這才是「蠔油加一蚊」的真正原因。順帶一提，我們其實從不鼓勵食客額外加蠔油，因為這會掩蓋油菜本身的鮮甜。

2.6 揀手油菜

鮮嫩油菜
芥蘭 菜心 菜花

「揀手油菜」的核心在於「揀」，即精挑細選出油菜中最鮮嫩的部分，並剔除品質較差的部分。經過嚴格的揀手程序和多次的清洗工序，盡量做到食客食用時沒有「菜渣」的效果，並保留天然甜味。

韮菜花——每日限量發售

多年來，麥文記一直供應三種油菜：芥蘭、菜心，以及市場上較為少見的韮菜花。其中，韮菜花在技術處理上要求精細，而其價值亦尤為突出。

韮菜花是一種獨立的蔬菜品種，而韮菜則屬於香草類，因此韮菜花並非韮菜。

麥文記的韮菜花從特定地方採購，運到店後，後勤員工會進行精挑細選，將一尺長的韮菜花去掉

老的部分，只留下中間最嫩的一段，人手摘去的部分會供鄰居再作運用，絕不販賣。

為了保證品質，菜菜花每日入貨約一百斤，每日只用其精選的三十斤，限量供應，午市和晚市分段售賣，確保每個時段的客人都能品嘗到新鮮的菜菜花。

曾有一位客人對菜菜花讚不絕口，前後點了九碟，成為麥文記的歷史記錄。儘管菜菜花的運輸和處理成本高昂，我們多次考慮是否應該將這道菜下架，但最終決定繼續供應，即使每賣一碟虧一碟，仍然堅持，為的是讓客人能夠享受這道菜的獨特風味。

燒豬油

油菜會配上甘香的燒豬油，為其增添風味。

燒豬油，顧名思義，就是燒豬時滴下來的豬油。麥文記一直用這種獨特方式為油菜調味。現今找燒豬油已經變得相當困難，但是我們仍然每天努力保持這一傳統，保存著這一份油菜配燒豬油的香港獨特風味。故此，我們由始至終都不建議各位食客以蠔油搭配油菜。

京都炸醬撈麵

2.6 京都炸醬麵——去到邊，變到邊

「京都」這個詞，無論是在日本的京都、韓國的京州，還是中國的京城與南京，總帶有濃厚的歷史和文化韻味。「京，大也。」這個「大」，不僅指地理範圍廣大，還象徵著「重要」和「地位高」。因此，京都炸醬麵的起源，並不在南方，而是與北方的飲食文化密切相關。

炸醬麵本源於山東，是北方經典的美食。標準做法是以手工拉麵或寬麵條為基底，搭配肉末、肉丁或肉絲，炒入黃醬或甜麵醬，晉語區則多用老黑醬。麵上還會鋪上各種新鮮的蔬菜配料，如黃瓜絲、蘿蔔絲、豆芽、菠菜等，這些配菜的選擇與北方的飲食習慣息息相關。

隨著歷史幾千年的巨輪轉動，北方炸醬麵隨人口遷徙步進南方，因應當地的氣候、食材和口味進

行了調整，形成了獨特的港式炸醬麵。

港式炸醬麵——推醬

港式炸醬麵的醬料以茄汁膏製作。由於醬汁質地濃稠，需用手推的方式攪拌，行內稱之為「推醬」，而每一家的「推醬」效果都不一樣。我們選用比較能夠確保甜、酸、辣的口感平衡的大品牌茄汁膏，既酸爽開胃，又帶有微微的辣味，為食客增添一絲刺激感。

與北方的手工拉麵不同，麥文記選用竹昇麵，取其柔韌爽口，富有彈性。麵條搭配獨立上桌的大地魚上湯，充分展現了南方飲食的細膩與講究。

港式炸醬麵——肉絲

有別於北方的炸醬麵版本，港式炸醬麵選用肉絲作為主料。

對許多店家而言，使用肉絲是一項挑戰，因為肉絲有一個明顯的特點——「無得呃秤」。即便伴隨大量醬汁，若肉絲的份量不足，不僅無法實現「啖啖肉」的口感，還會讓整道菜顯得單薄。因此，如果選擇用肉碎代替肉絲，廚師利用濃稠的醬汁掩蓋肉碎的質量，讓份量看似豐富，實則不足。

此外，肉絲的質量對口感至關重要。如果肉絲不夠新鮮，吃起來會顯得軟爛無彈性，容易被識別出來。使用隔夜肉冒充新鮮肉，不僅降低了食物的品質，還可能威脅食客的健康。

秉持「過得自己過得人」的原則，麥文記選用腩頭肉切絲，確保肉質鮮嫩且富有層次感，讓每一口肉絲都能帶來豐富的口感，保證食客用餐安全。

港式炸醬麪——有感而發

炸醬麪，其實是文化交流的縮影。

如果我們不再執著於「正宗」的名號，而是關注食物的傳播歷程，就會發現，「正宗」本來就不是一成不變的。隨著時間推移、地域變遷，食物也在不斷演變。正是這種流動，讓每道菜都有了屬於自己的故事。炸醬麪從山東傳到南方，經過一次次的調整和改良，最終在不同地方形成了各自的風味，成為當地文化的一部分。

當食物開始「在地化」，它會自然而然地根據當地的文化和環境進行調整。不僅食材會變，配料和調味方式也會隨之改變。這些變化往往受到當地氣候、當季食材，甚至是居民口味的影響。比方說，港式炸醬麪選用茄汁膏和竹昇麪，這正是對南方飲食習慣的回應。

隨著時間的推移，這些調整逐漸成為了另一種「傳統」，甚至可以說是一種「新的正宗」。這個「正宗」不是對過去的簡單複製，而是在融合了不同文化之後的創新與演變。

2.7 牛腩——家常炆菜

柱侯牛腩 牛腩撈麵

談起香港的牛腩料理，許多人會想到清湯牛腩的清香淡雅，而廣東的柱侯牛腩亦有其可取之處。在六十年代的香港，當時的牛肉仍然帶有一些臊味，讓許多人難以接受。於是，各地的廚師們開始施展巧思，利用不同的醬料去除異味。有些人選擇使用磨豉醬，而柱侯醬則因其獨特的風味，每家都有自己的秘製配方，使得這道菜成為各地美食愛好者的心頭好。

麥文記的牛腩麪，與炸醬麪一樣，使用的是自家製作的醬料。不同的是，炸醬麪的醬料較為濃稠，製作時需要用「推」的手法，這也使它的口感較濃郁，味道較為刺激；而炆豬手和牛腩的醬料則更像家常炆菜，通過慢火炆煮，讓醬香浸透食材，達到齒頰留香的效果。

2.4 豬手

南乳豬手
南乳豬手撈麵

麥文記的豬手麪源自一位師傅的提議，將他家鄉的豬手料理引入店內，最終成為招牌菜之一。

豬手用南乳製作，並加入滷水香料如花椒、八角、草果、香葉和桂皮，這不僅去除異味，還增強了南乳的風味，與一般滷水豬手有所不同。製作過程中，師傅先汆水，使香料通過豬手毛孔滲透，提升質感和口感，隨後用自家調配的浙江南乳醬慢火炆煮，讓豬手入味飽滿。

豬手熱賣功臣：供應商

合作已經超過一代，麥文記與這家豬手供應商一早已建立了彼此的默契。

供應商在燒豬毛的工序上處理得非常俐落，並

且在長期的溝通與磨合中，解決了豬手因品種不同導致大小不一的問題，確保每隻豬手都大小一致，讓食客感到公平。

豬手料理經常面臨的一個問題就是「去毛」，尤其是俗稱「豬尖」的豬指部位，毛難以清除。為了達到豬手大小一致、乾淨無毛的標準，供應商投入了大量心力，帶來令食客滿意的乾淨程度。此外，洗豬手也非常講究，師傅們不僅用香料反覆浸洗，還需手工仔細刮除表面污垢，確保每個毛孔都乾淨衛生。

豬手：最佳食用時間

對於在行的食客來說，麥文記的豬手在非假日的時候往往會更好吃。原因在於假日期間豬手的需求量較大，一旦當日的豬手賣光，可能需要使用那些還沒完全入味的豬手，影響口感。

當師傅炆好豬手後，會將其攤涼至少一晚，豬手被分成一盤盤疊起來，方便空氣流通。在這個過程中，豬手會慢慢變得更加軟糯，口感和味道也因而提升。這個步驟的時間掌握至關重要，確保豬手既能保持鬆軟入味，又不至於骨肉分離。

3.1 行業問題

飲食業一直存在一些陋習，尤其在八十至九十年代行業興旺時，這些問題變得更加嚴重，背後也反映了社會的深層次問題。

廚師在餐廳中的角色非常重要，負責採購食材、醃製、煲湯底和炆煮等工序，掌握了餐廳的核心命脈。因此，有些廚師會利用這一點，向老闆提出額外要求，最常見的就是加薪，俗稱「跳草裙舞」。有些更過分的，會在工作中動手腳。九十年代，麥文記曾遇過一名廚師，採購食材時向供應商索取回佣，行內稱為「收坑渠水」。即使老闆與商家已談好合作，如果廚師的要求沒被滿足，這筆交易就可能泡湯。許多供應商為了保住生意，只能默默接受。

另一常見問題是「借糧」。很多廚師剛到新店工作時，會要求提前支付薪水，少則三個月，多則六個月。由於飲食業經常缺人，餐廳通常會答應，廚師則用自己的技藝作保證。但當他們轉到新店工作時，之前的借款責任往往落在新老闆身上，形成不良風氣。

麥文記作為一家經營超過七十年的老店，對這些現象亦有自己應付的一套，第二代負責人更花了不少心力去整理行業風氣，堅守本分踏實經營。

澳洲牛奶公司
肥佬
麥文記
麵家
蛋白燉
鮮奶
杏汁
燉雞蛋

4.1 招牌記

燈亮，人在。

燈不在，往昔拆不掉，仍有霓虹。

2018 年，麥文記麵家在 facebook 宣布，因應屋宇署條例，其燈箱招牌以及外牆的光管招牌均要即時清拆。消息一出，網民議論紛紛，質疑麥文記霓虹招牌六十年以來都沒有問題，何解突然有安全隱患；支持者們十分婉惜，趕在 2019 年 1 月招牌正式清拆前前來合照，有客人在當時的報章訪問中謂：「即使沒有了招牌，都識得路去，好店不用大招牌也能大排長龍。」

攝影：街招 Kevin Mak

麵家

佐敦白加士街曾經的霓虹燈海，保留了香港八、九十年代紙醉金迷的夜景，是許多外國人到香港旅遊時必要一看的風景。那些餐廳老店、夜總會、麻雀館、大押、賓館、民生舖頭的字號，在霓虹招牌燈上以不同的顏色、字體、形狀，閃亮的活現。每一個霓虹招牌由燒管、屈管、製作鐵箱以至安裝都由全人手處理，每一個都是獨一無二的藝術品。

麥文記麵家在 1958 年由街邊檔正式入舖，肥佬麥民敬主理時，已豎立了第一代招牌，第二代招牌在 2003 年第二代掌舵人麥心睿接手時掛上，在 2019 年被清拆。

麥文記麵家的招牌，一直都是麥心睿的心頭肉。

麥文記麵家前身還是街邊檔時，沒有正式的名字，街坊們喚作「肥佬雲吞麪」。第一代招牌，長方形的藍邊紅字霓虹招牌以區建公書法字體展現，麪檔易名為「麥

攝影：街招 Kevin Mak

文記麵家」，取麥民敬名字的諧音，也加上「肥佬」二字在招牌頂上，底部還有一碗麪和一碟菜的圖案。第二代招牌同樣沿用區建公書法呈現店名，保留「肥佬」二字，只是沒有了最底的一碗麪和一碟菜的圖案。麥文記麵家和毗鄰澳洲牛奶公司兩家店的霓虹招牌，一直都是白加士街深具特色的風景。

何以會有兩代的麥文記麵家招牌呢？

第一代那有菜有麪的招牌，是心睿最懷念的。當年掛上這招牌，要向中華電力有限公司申請，那時根本沒有屋宇署這些政府部門，中華電力有限公司批准了申請，招牌才可掛上。這些申請及批核文件均以打字機墨粉白紙黑字地記錄下來，永不褪色。

說起第一代招牌，麥心睿有點無奈。第一代招牌其實早在九十年代初就壞了，無法開著，和電源有關。九十年代主理的胡國樑先生，雖然擅長管理廚房店面，

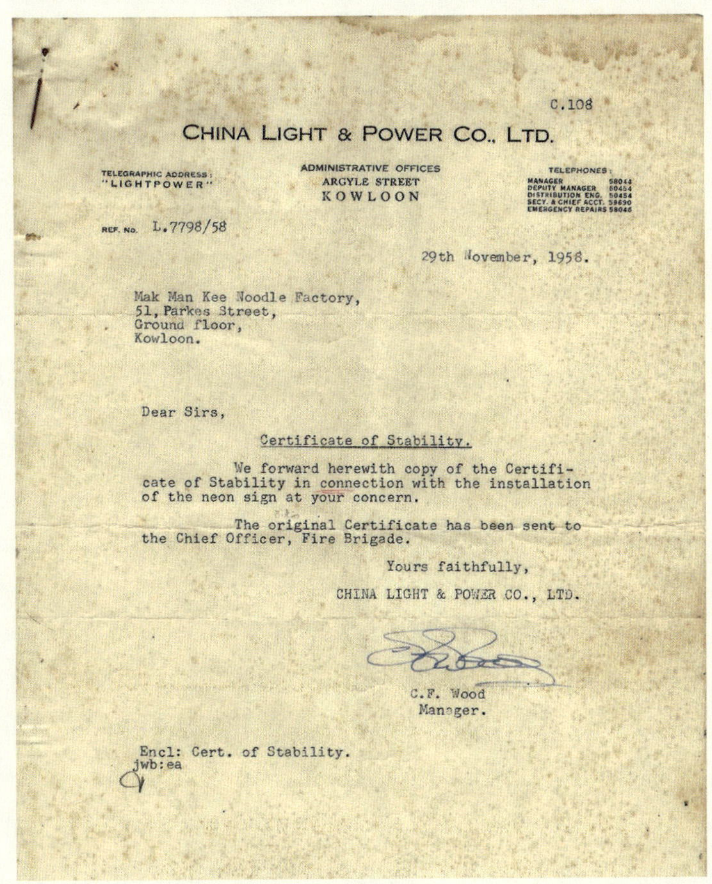

C.108

CHINA LIGHT & POWER CO., LTD.

TELEGRAPHIC ADDRESS: "LIGHTPOWER"

ADMINISTRATIVE OFFICES
ARGYLE STREET
KOWLOON

TELEPHONES:
MANAGER 58044
DEPUTY MANAGER 60454
DISTRIBUTION ENG. 50454
SECY. & CHIEF ACCT. 59690
EMERGENCY REPAIRS 58046

REF. No. L.7798/58

29th November, 1958.

Mak Man Kee Noodle Factory,
51, Parkes Street,
Ground floor,
Kowloon.

Dear Sirs,

Certificate of Stability.

We forward herewith copy of the Certificate of Stability in connection with the installation of the neon sign at your concern.

The original Certificate has been sent to the Chief Officer, Fire Brigade.

Yours faithfully,
CHINA LIGHT & POWER CO., LTD.

C.F. Wood
Manager.

Encl: Cert. of Stability.
jwb:ea

⊕ 1958 年，中華電力有限公司發出關於麥文記招牌的「Certificate of Stability」批文，批文清楚寫明麥文記招牌的霓虹光管已經得到中華電力有限公司的認證，證實結構穩固。

但不擅管理公關形象，一直疏於保養招牌，燈管電線都有點生鏽。

然而胡先生怪在，既不理會招牌燈管不亮，但又不找人清拆，可能是想節約成本。心睿最介意的，是在晚上時，她聽過有人在舖頭對面街道瞧見這不亮的招牌後說：「麥文記係咪執咗啦？夜晚招牌都唔著，肯定係執咗啦。」❶

心睿在2003年接手時，便嘗試找人拉回招牌的電線，可惜不果。當時她找了一間新的霓虹招牌公司諮詢，公司說這招牌內部已經損毀，不如考慮做一個新的，心睿便決定保留大部分第一代招牌的造型下斥資製作了第二代招牌。

擇了個良辰吉日，第二代招牌掛上，心睿也每個月依時找專業公司保養維修。

直至2018年收到屋宇署的清拆通知時，招牌也是接信前不久才剛完成維修保養工程。

❶ 廣東話，意思是「麥文記是否倒閉了？晚上招牌都沒有亮著，肯定是倒閉了。」

心睿十分不解，為何在白加士街有其他店舖的招牌更加殘破，卻偏偏要向麥文記首先開刀呢？

心睿收到清拆通知後，立即嘗試找政府認可的專業人士，看看能否證明招牌的安全。可惜在現實中，很難找到一個人願意幫忙，證明招牌是安全的。

心睿再三致電屋宇署解釋狀況，說明這個招牌當年是得到中華電力有限公司的批准合法掛上的，每個月也有維修保養。

「中電是沒有這個權去批准掛招牌的。」

「但我們有當年的文件證明呀。」

「總之他們沒有這個權。」

「那麼白加士街還有那麼多不同店舖的招牌，有好多都比我們麥文記殘舊，為何他們的又不用清拆？」

「如果麥小姐你見到有危險的招牌，你可以先向屋宇署投訴，屋宇署會再派人跟進。」

心睿知道再和屋宇署糾纏也是無用，她也不會為了自己麥文記的招牌要被拆，而去無理投訴其他店家。事實上，在過去的十幾年間，心睿不單為麥文記的招牌作定期保養，她甚至會為白加士街上那些結業了而無人理會的招牌自資為他人清拆，為的就是保留白加士街這條路上，一道安全而美麗的招牌景色，料不到清拆招牌的第一刀卻落在自己頭上。

攝影：街招 Kevin Mak

肥佬
麥文記
麵家
牛奶公司
杏汁
燉雞蛋
蛋白燉
鮮奶
桑拿
足專業
嘉多莉餐廳
JK
9918

之後，心睿便嘗試在 2018 年聯絡 M+ 博物館，那時 M+ 博物館尚未開館，了解是否可能把清拆後的招牌交由博物館保育。可惜 M+ 的回應也再一次令心睿失望，他們不願意接收麥文記的招牌，難道這件在香港超過六十年歷史的古物真的不值得保存嗎？

麥文記招牌在拆卸之後，便存放在倉庫之中。

心睿難忘的是，在 2018 年時，有許多民間組織，例如香港霓虹承光，都來訪問她，及四處熱心打聽有沒有可以接收招牌的空間，可惜那時未有適合儲放空間。到了今天，這些民間自發組織終於覓得場所去保留這些被拆卸的招牌後，麥文記招牌早已在長期的倉存中破損，在檢查時發現已經斷成數截，再保留也是失色了。

在整個招牌的清拆過程中，令心睿內心有點點安慰的，正是這一班古道熱腸去保育香港招牌的民間團體。

正所謂「禍兮福之所倚，福兮禍之所伏」，雖然招牌被拆，但正因這件事促成心睿認識了這班有心人，也開始了她希望為麥文記寫一本書作記錄，同時探討香港飲食業關於雲吞麵的這一行，一個她最熟悉的行業，嘗試為下一代留下真相。

燈在否，願心中常有霓虹。

大事年紀

10 年代

- 1918 年，媽姐鄭笑聯出生。

20 年代

- 1927 年開展持續至 1950 年的國共內戰，讓孔笑荷和麥民敬在國民黨軍隊裡遇上，並共諧連理。

30 年代

- 1930 年代，麥民敬到廣州投考黃埔軍校。
- 1930 年代末期，民敬和笑荷商量後決定，民敬繼續留在軍隊，笑荷父母也留在順德，笑荷則率先帶著民敬父母、三妹和四弟到香港長洲落腳。

40 年代

- 1940 年代初，麥文記於官涌廟街後巷一帶開始擺檔。
- 1941 年，香港保衛戰爆發，正式開始日治時代。
- 1945 年，8 月 15 日日本宣布無條件投降，香港重光。
- 1948 年，西環永安倉庫大火，導致 176 人死亡。
- 1949 年，香港首間商營電台麗的呼聲啟播。中國大陸政權移交。
- 四、五十年代的廣東、香港和澳門一帶，媽姐文化盛行。
- 1949 年前，香港並沒有任何人口登記。隨著人口不斷增加和大量內地居民移居香港，政府才在 1949 年以簽發身份證的方式，開始登記人口。人口登記最

	初的對象是公務員，遍及全部人口的登記已經是到了 1950 年尾的事。 ● 1940 年代前半期香港被日軍侵佔，三年零八個月的日佔時期，缺米缺糧是平常事；後半期因第二次國共內戰，大批內地民眾南遷香港，民敬也是其中一分子。約 1945 年，民敬來到香港會合笑荷後，一家人落戶官涌廟街，兩口子的口袋僅餘十六元，他們決定以此十六元開始做食的小生意。雖然世道艱難，肯吃苦的話，還是有謀生的空間。
50 年代	● 1950 年代初，笑聯開始在麥家打工。 ● 1950 年，聯合國因韓戰禁運物資往大陸，香港成為重要轉運港。 ● 1957 年，原子粒收音機面世。 ● 1958 年，麥文記入舖官涌白加士街 51 號地舖，招牌掛上。 ● 五、六十年代，民敬已經開始和數個拍檔合作炒賣地皮，許多交易都是香港島中半山地段。 ● 1950 年代，或因政局，或因謀生，不少中國內地居民紛紛南遷到香港尋找新機會。當時年紀還不到二十歲的胡國樑也是南遷的其中一員，沒有錢和門路，他唯有選擇從家鄉中山游泳南渡香港。 ● 五十年前的外賣是真正的「走塑」外賣，就是直接將店舖碗筷送到客人府上。

60年代

- 1960年代，涼茶舖興起。
- 笑荷也曾經要到1961年才成立的人民入境事務署去宣誓，確認這個、這個和這個名字，寫法串法不同，但通通都是我本人。真是一個奇妙的年代。
- 笑荷涉足股票市場大約是七十年代的事。六十年代末至七十年代初，那時叫做「四會年代」，四會分別是香港證券交易所、遠東交易所、金銀證券交易所和九龍證券交易所。小小的香港，竟有著四家交易所。為了方便行政和監管，1980年代四會才合併，註冊成立香港聯合交易所有限公司，簡稱聯交所。
- 1962年，颱風溫黛襲港，為香港有紀錄以來死傷最嚴重之風災。
- 1963年，制水。
- 1966年6月12日，暴雨襲港，北角明園西街引發山洪暴發，以致越100人死亡及活埋。
- 1966年、1967年，天星小輪加價暴動。
- 1967年，無綫電視台開播，同年長壽節目《歡樂今宵》啟播，播出時間為周一至五晚九點至十點半，時年麥文記營業時間跟隨。
- 胡國樑在1960年代至2003年正式退休為止都服務麥文記，奉上了超過四十年的青壯歲月。

70 年代	●麥心睿 Lesley 出世。 ●1971 年時，笑荷、子虞和陳富全先生在旺角西洋菜街合資開設好旺角粥麵專家。 ●1972 年，夏令時間表推出。 ●七、八十年代，笑聯不只服務麥氏的家務事，有時還會到麥文記幫忙。
80 年代	●1984 年，中英聯合聲明簽訂。 ●八十，九十年代，香港有不少「太空人」，國樑變成了「太空人」之一。 ●八十年代，國樑與一個麥文記的舊夥計黃標在旺角另起爐灶，開了一間叫華記的粉麵店，不賣雲吞麵，而是賣牛雜魚蛋粉。
90 年代	●九十年代初時，那時麥文記的主理人是心睿的表哥胡國樑。 ●1991 年，心睿首次在麥文記學習，但失敗。 ●1992 年，香港第一家電話落單送運狗糧的店舖就是心睿開辦的。 ●1994 年至 1997 年間，心睿在 OTB 海外信託銀行（Overseas Trust Bank，OTB）工作了三年。 ●1997 年，香港回歸。 ●1997 年至 2003 年，心睿在香港郵政工作。

	● 周氏在九十年代初決定移民美國。
2000 年代	● 2003 年，香港受到沙士疫情侵襲。 ● 2003 年，心睿離開香港郵政並接手麥文記，同年母親笑荷過世。
2010 年代	● 2013 年 9 月開始實施的招牌檢核計劃中。 ● 2018 年麥文記首次獲得「米芝蓮車胎人美食必比登推介」。 ● 2018 年，招牌拆下。 ● 2019 年 被泰國政府旅遊局邀請前往當地擺展。
2020 年代	● 2020 年至 2023 年，香港受到 2019 冠狀病毒病 (COVID-19) 疫情侵襲。 ● 2021 年首次推出麥文記急凍產品系列。 ● 2024 年麥文記首次獲得大眾食評「必吃榜」獎項。

書名　麪麪俱緣——麥文記的故事
作者　麥心睿（口述）
　　　林君宜、李林風（著）
編輯　呂嘉俊
書籍設計　李嘉敏
攝影　李林風、何樂睿
霓虹招牌攝影　Kevin Mak（街招）
統籌　時言有限公司
出版　字字研究所有限公司
網址　www.wordbywordcollective.com
電郵　wordbywordltd@gmail.com
承印　新世紀印刷實業有限公司
香港發行　一代匯集
台灣發行　紅螞蟻圖書有限公司
定價　HK$150 / NT$650
國際書號　978-988-70781-4-2
出版日期　2025 年 1 月

字字研究所
word by word collective

工作室贊助

ISBN 978-988-70781-4-2